GEORGE WEIGEL

Die Wahrheit

Lehre und Streitfragen der Kirche von heute

GEORGE WEIGEL

Die Wahrheit

Lehre und Streitfragen der Kirche von heute

Sankt Ulrich Verlag

Titel der Originalausgabe: The Truth of Catholicism

Übersetzt von Gabriele Stein

Der Fakultät, den Mitarbeitern und den Studierenden des Päpstlichen Nordamerika-Kollegs in Rom 1995–2000 gewidmet

Bibliographische Information der Deutschen Bibliothek

Die Deutsche Bibliothek verzeichnet diese Publikation in der Deutschen Nationalbibliographie; detaillierte bibliographische Daten sind im Internet über http://dnb.ddb.de abrufbar.

Umschlagbild: photocase
Umschlaggestaltung: UV Werbung, Die KreativAgentur
Mediengruppe Sankt Ulrich Verlag, Augsburg
Druck und Bindung: Freiburger Graphische Betriebe, Freiburg
Printed in Germany
ISBN: 978-3-86744-122-3
www.sankt-ulrich-verlag.de

INHALT

Kommen Sie doch herein!

Der große englische Schriftsteller Evelyn Waugh beschrieb sein katholisches Leben einmal als „eine endlose, verzückte Expedition in ein riesiges Gebiet, das sich vor mir erstreckt". Wie viele Konvertiten brannte Waugh darauf, dieses Abenteuer mit anderen zu teilen, und in seiner Korrespondenz wimmelt es von Briefen, in denen er seinen Freunden den katholischen Glauben erklärt. Gleichzeitig aber hatte ihn die Erfahrung gelehrt, daß man „von außen" nur sehr schwierig erkennen kann, „wie die Kirche wirklich ist". Deshalb sprach Evelyn Waugh allen Neugierigen, die die katholische Lehre und Lebensweise als anziehend oder auch als verstörend empfanden, eine schlichte Einladung aus: „Kommen Sie doch herein!" Sehen Sie sich die katholische Kirche und die Überzeugungen, die den Katholizismus ausmachen, doch von innen an. Spazieren Sie umher. Erleben Sie, wie es sich anfühlt. Und entscheiden Sie erst dann, was Sie davon halten.[1]

Zu Beginn des dritten Jahrtausends der christlichen Geschichte kann dieses schlichte „Kommen Sie doch herein!" ebenso verlockend sein wie vor einem halben Jahrhundert, als Evelyn Waugh es zum ersten Mal äußerte. Oder wie vor neunzehneinhalb Jahrhunderten, als der heilige Paulus eine ganz ähnliche Einladung an die Athener richtete, die einen „unbekannten Gott" verehrten (Apg 17,16–34).[2]

Die katholische Kirche ist vielleicht die umstrittenste Institution auf unserem Planeten; und ganz sicher ist sie die umstrittenste religiöse Institution weltweit. Ob es um die Einzigkeit Christi, den Freiheitsbegriff, die Würde des menschlichen Lebens von der Empfängnis bis zum Tod oder um den Gebrauch und Mißbrauch von Sexualität geht – immer wieder gerät die Kirche in Widerspruch und Opposition zu dem, was in unserer Zeit allgemeines Gedankengut zu sein scheint. Und deshalb zieht die Kirche sich bisweilen den Haß und die Verachtung vor allem derjenigen zu, die sich aufgrund kirchlicher Lehren ausgegrenzt und unmenschlich behandelt fühlen.

Selbst wer einräumt, daß Religiosität für manche Menschen „eine gute Sache" sein kann, hält den Glauben oft nur für eine unter vielen möglichen Lifestyle-Entscheidungen und damit für etwas, dessen Tragweite nicht größer ist als die Wahl eines Autos, Haustiers oder Lieblingsrestaurants. In einer solchen Situation kann die Beharrlichkeit, mit der die Kirche daran festhält, daß der Glaube Wahrheiten beinhaltet und daß Wahrheiten Pflichten und Pflichten bestimmte Entscheidungen mit sich bringen, schon etwas Beunruhigendes oder sogar Abstoßendes an sich haben. Von außen kann die katholische Kirche engstirnig, sauertöpfisch und verklemmt wirken – ein Spielverderber, der zu allem, was Spaß macht, immer nur nein sagt.

Genau das aber ist äußerst merkwürdig, denn eigentlich ist der Katholizismus eine bejahende Religion: Im Zentrum des katholischen Glaubens steht das „Ja!" Gottes zur Menschheit an sich und zu jedem einzelnen Menschenleben. Dieser Gott liebt seine Schöpfung so leidenschaftlich, daß er seinen Sohn in die Welt gesandt hat, um die Welt zu erlösen. Doch das, was den Katholizismus *eigentlich* ausmacht, ist, wie schon gesagt, von außen nicht immer gut zu erkennen.

Dieses kleine Buch befaßt sich mit zehn Kontroversen, die sich in der heutigen Zeit am Katholizismus entzünden, und es betrachtet die Überzeugungen, die diese Kontroversen notwendig machen, *von innen*. Es richtet sich an Katholiken, die sich aus Sorge, Neugier oder Unsicherheit fragen, was ihre Kirche denn nun eigentlich lehrt, und an Katholiken – vor allem junge Menschen –, die ihre Überzeugungen mit Freunden oder Verwandten teilen wollen. Es richtet sich auch an diejenigen, die sich schwer damit tun, ihre Bewunderung für bestimmte Katholiken – Mutter Teresa, Johannes Paul II., ihren Nachbarn, ihren Arbeitskollegen – mit der katholischen

Lehre in Einklang zu bringen, die ihnen unverständlich oder sogar grausam erscheint. Wenn sie „einfach hereinkommen“ und sich anschauen, wie die katholische Sicht vom Menschsein und von der Bestimmung des Menschen ineinandergreifen, dann werden hoffentlich sowohl die Neugierigen als auch die Unzufriedenen in der Lage sein, den Katholizismus als eine Religion zu erkennen, die nicht blindwütig verurteilt und verbietet, sondern das Projekt Mensch bejaht und feiert.

Doch wenn ich sage, daß das vorliegende Buch „von innen nach außen“ gelesen werden sollte, meine ich damit noch etwas anderes. Bitte widerstehen Sie der Versuchung, sich sofort auf die Themen zu stürzen, die buchstäblich und im übertragenen Sinne „sexy“ sind. Die katholische Kirche ist weit weniger vom Thema Sex besessen als die Medien von dem, was die katholische Kirche über die Sexualität lehrt. Im Vorfeld des Weltjugendtags 1997 in Paris gab die Presseagentur der französischen Bischöfe eine Studie in Auftrag, die zu dem Ergebnis kam, daß ungefähr drei Prozent der öffentlichen Äußerungen Papst Johannes Pauls II. in den vorangegangenen neunzehn Jahren irgend etwas mit den Fragen der Sexualmoral zu tun gehabt hatten. Die Weltpresse dagegen, so der Pressesprecher des französischen Episkopats, vermittle größtenteils den Eindruck, daß Sexualität praktisch das einzige Thema sei, worüber der Papst jemals gesprochen oder sich Sorgen gemacht habe. Die katholische Kirche nimmt Sex ernst, sehr viel ernster als die Herausgeber des *Playboy* oder des *Cosmopolitan.* Wenn wir aber das *Was?* und das *Warum?* der katholischen Sexualethik verstehen wollen, dann müssen wir es in den breiteren Kontext dessen einordnen, was die katholische Kirche über den Menschen, über die Wirklichkeit und letztlich auch über Gott lehrt. Die Bibel beginnt nicht mit den Zehn Geboten. Sie beginnt mit der Schöpfungsgeschichte und mit Gottes Zusage, daß die von ihm erschaffene Welt gut ist.

Kommen Sie also bitte herein. Niemand wird Sie zwingen zu bleiben. Doch wenn Sie erst einmal hereingekommen sind, dann werden Sie vielleicht feststellen, daß das, was Sie bisher für eng und begrenzt gehalten haben, in Wirklichkeit ein riesiges Gebiet ist, wie Evelyn Waugh es genannt hat, und daß wir darin ein erfülltes, ganz und gar menschliches Leben leben – zur Vorbereitung auf eine Bestimmung, die alle weltlichen Vorstellungen übersteigt.

1. Ist Jesus der einzige Erlöser?

Christus und die Überwindung unserer Ängste

Im September 2000 löste die vatikanische Kongregation für die Glaubenslehre, die häufig als „Nachfolgebehörde der Inquisition“ bezeichnet wird, mit der Erklärung *Dominus Iesus* weltweite Empörung aus, weil sie darin mit Nachdruck die klassische christliche Lehre vertrat, daß Jesus Christus für jeden und überall der einzige Erlöser der Welt ist. Die anschließende Kontroverse wurde nicht unbedingt mit Samthandschuhen ausgetragen.

Eine amerikanische Zeitung veröffentlichte ein Foto, das Papst Johannes Paul II. mit ausgebreiteten Armen zeigte: „Wir sind die Nummer eins!“, war darunter zu lesen. Eine andere große Zeitung titelte seriöser, aber nicht weniger unzutreffend: „Vatikan erklärt Katholizismus zum einzigen Heilsweg“. Die meisten nachfolgenden Artikel und Kommentare vertraten die Auffassung, die Erklärung hätte dem seit dreißig Jahren bestehenden ökumenischen und interreligiösen Dialog ernstlich geschadet oder sogar ein Ende bereitet. Der landläufigen Interpretation zufolge lehrte die katholische Kirche in *Dominus Iesus,* die Katholiken hätten einen besonderen Anspruch auf Erlösung; Nichtkatholiken seien Christen zweiter Klasse, und was die Juden, Muslime, Buddhisten, Hindus und Nichtgläubigen anginge, nun ja …

Nichts von alledem war oder ist wahr, doch in einer Welt, in der viele Menschen unsicher sind, ob überhaupt irgend etwas „wahr“ ist („das hängt davon ab, was das Wort ‚ist‘ bedeutet“, wie eine berühmte Persönlichkeit des öffentlichen Lebens einmal gesagt hat), läßt sich diese These gar nicht so einfach aufrechterhalten. De facto hat *Dominus Iesus* nichts wesentlich Neues gelehrt. Ein angesehener katholischer Kommentator brachte die Sache auf den Punkt: Die Erklärung habe lediglich „den Glauben der Kirche“ wiederholt, „daß Jesus, wie er selbst gesagt hat, der Weg, die Wahrheit und das Leben ist. Er ist nicht einer unter mehreren Wegen und nicht eine unter mehreren Wahrheiten.“[1] Dieser Glaube an Jesus Christus führt uns zu anderen Überzeugungen, die in *Dominus Iesus* ebenfalls nicht zum ersten Mal formuliert worden sind. Weil es einen Gott gibt, der sich ein für allemal in seinem Sohn Jesus Christus geoffenbart hat, gibt es eine Heilsgeschichte, die ihre Mitte in Christus hat. Gott schenkt allen Menschen, auch jenen, die noch nie etwas von Jesus Christus gehört haben, die für ihre Erlösung nötige Gnade. Doch jeder, der erlöst wird, wird um dessentwillen erlöst, was Gott in Jesus Christus für die Welt und für die Menschheit getan hat.

Vor, während und nach der Kontroverse um *Dominus Iesus* mußte man sich fragen, was die katholische Kirche denn noch so alles angeblich gesagt hatte: Hatte sie jemals behauptet, sie sei nur ein weiterer Markenartikel im „Supermarkt der Spiritualitäten“? Doch in einer Kultur, die die Toleranz für die größte Tugend hält, dabei Toleranz aber mit Gleichgültigkeit verwechselt – Gleichgültigkeit gegenüber der Wahrheit der Dinge –, in einer solchen Kultur ist der unzweideutige Anspruch, daß dies *die* Wahrheit ist und alle anderen Wahrheiten sich wie Eisenspäne auf einen Magneten auf diese Wahrheit zubewegen, nicht nur kontrovers. Dieser Anspruch ist ein Skandal.

Wenn sich die Gemüter ein wenig beruhigt haben, wird man *Dominus Iesus* vielleicht eines Tages für ihre Offenheit preisen. In einer historischen Phase, in der der ökumenische und interreligiöse Dialog zu leeren und belanglosen Floskeln und einem politisch korrekten „Wir-haben-uns-alle-lieb“ zu verflachen drohte, hat die wichtigste Lehrbehörde des Katholizismus die Kirche und die Welt daran erinnert, daß das Christentum mit der Antwort steht und fällt, die die Kirche und ihre Gläubigen auf eine einzige Frage geben. Seit fast zwei Jahrtausenden kommt niemand an dieser Frage vorbei, die Jesus selbst seinen Jüngern auf dem Weg nach Cäsarea Philippi gestellt hat: „Für wen haltet ihr mich?“ (Mt 16,15).

Für wen hält die katholische Kirche Jesus?

Die beiden Dinge, die Jesus offenbart

Das Zweite Vatikanische Konzil, das zwischen 1962 und 1965 zusammentrat, war seit der Reformation im sechzehnten Jahrhundert das wichtigste Ereignis in der katholischen Welt. Neben vielem anderen versuchte das Konzil einen bilateralen Dialog zwischen der Kirche und der Gegenwartskultur zu eröffnen. In einem umfangreichen Dokument namens *Pastorale Konstitution über die Kirche in der Welt von heute* schrieben die Bischöfe der katholischen Kirche, daß Jesus, der Sohn Gottes, der in die Welt gekommen ist, das Antlitz und die Liebe Gottes sowie die volle Bedeutung unseres Menschseins offenbart.[2] Beides gehört zusammen. Den Sohn zu kennen heißt, den Vater zu kennen; den Vater und den Sohn zu kennen heißt letztlich zu wissen, wer wir sind.

Wer ist der Gott, den Jesus offenbart? Er ist ein Gott, der nicht nur als erhabener und ferner Ursprung der Schöpfung, sondern als „Vater“ mit uns verbunden und uns durch das Geschenk seines Sohnes ganz nah ist.[3] Er ist ein Gott, der sich auf die Suche nach uns begeben hat, ein Gott, der in unserer Geschichte kein Fremder ist, sondern teilhat am Drama des Menschseins. Er ist ein „Gott, der uns vorausgegangen ist und vor uns hergeht. Er hat sich selbst auf den Straßen der Menschen auf den Weg gemacht. Er ist ein Gott, der uns nicht von oben betrachtet, sondern unser Weggefährte geworden ist.“[4]

Gottes Treue, die in Jesu Gleichnis vom verlorenen Sohn (Lk 15,11–32) einen kraftvollen Ausdruck gefunden hat, ist weder reserviert noch unnahbar, sondern warmherzig und leidenschaftlich. An diesen Gott zu glauben, der der Vater Jesu Christi ist, heißt zu glauben, daß nicht Chaos und

Gleichgültigkeit, sondern Ordnung und Vernunft die Wurzeln aller Dinge sind. Diesen Vater durch Jesus Christus zu kennen heißt zu wissen, „daß die Liebe in der Welt gegenwärtig ist und daß sie mächtiger ist als jedwedes Übel“.[5]

Wir können „nicht ohne Liebe leben“, schreibt Johannes Paul II. Nur wenn die Liebe zu uns kommt und wir „lebendigen Anteil an ihr“ erhalten, können wir uns selbst verstehen und unserem Leben einen Sinn abgewinnen.[6] Wir spüren instinktiv ein tiefes Bedürfnis nach Liebe. Der Gott, den Jesus offenbart, garantiert uns, daß diese Ahnung keine psychologische Illusion, sondern eine der großen Wahrheiten des Menschseins ist.

Und was ist mit der Menschheit, die Jesus offenbart? Wer sind wir? Wir sind kein zusammengeballter Sternenstaub, kein zufälliges Nebenprodukt der kosmischen Chemie. Wir sind nicht einfach irgend etwas, wir sind *jemand*,[7] ja mehr noch: wir sind „Jemande“, die *irgendwohin* unterwegs sind. Als Menschen mit einer angeborenen, gottgegebenen Würde haben wir eine göttliche Bestimmung, die Jesus Christus uns geoffenbart und ermöglicht hat. Diese Bestimmung hat ein Theologe des vierten Jahrhunderts, der heilige Athanasius, in kühne Worte gefaßt, als er schrieb, daß der Sohn Gottes Mensch wurde, „damit wir vergöttlicht würden“. Neun Jahrhunderte später pflichtete Thomas von Aquin, der Meister der philosophisch-logischen Theologie, ihm bei: „Der eingeborene Sohn Gottes [...] wurde Mensch, um die Menschen göttlich zu machen“.[8]

Überdies lehrt die Kirche, daß diese göttliche Bestimmung nichts ist, das uns für eine unbestimmte Zukunft verheißen wäre; sie ist etwas, das wir schon jetzt erleben können: in einer persönlichen Beziehung zu Jesus Christus. Schon jetzt durch die Kirche, die seine Gegenwart in der Welt und in der Geschichte fortsetzt, in Gemeinschaft mit Jesus Christus zu leben ist weit mehr, als sich einer wohltätigen Freiwilligenorganisation anzuschließen. Es heißt, auf vorwegnehmende Weise schon jetzt im Reich Gottes zu leben. In diesem Sinne sind die Christen Menschen, die bereits wissen, worauf die

Weltgeschichte hinausläuft, und die jene dramatische, lebensbejahende Bestimmung im Hier und Jetzt leben.[9]

Diese kühnen Aussagen über das göttliche Woher und Wohin der Menschheit sind aus katholischer Sicht keine Nebensächlichkeiten. Sie sind grundlegende Glaubenswahrheiten. Und sie sind die katholische Antwort auf eine immer wiederkehrende Kritik: daß der Glaube an Jesus Christus uns in ewiger Abhängigkeit und Unreife hält, uns niemals erwachsen werden läßt und ein romantisches und unrealistisches Weltbild propagiert. „Auf dich hin hast du uns geschaffen", schrieb der heilige Augustinus über das, was Gott mit uns vorhat, „und unruhig ist unser Herz, bis es ruht in dir."[10] Diese Unruhe fordert uns dazu auf, unserem Menschsein nicht auszuweichen, sondern es zu vertiefen. Genau das ist der Sinn der Begegnung mit Jesus Christus.

In einem Punkt ist die katholische Auffassung von der in Jesus Christus geoffenbarten Würde und Bestimmung des Menschen zutiefst gegenkulturell. Seit über zweihundert Jahren ist in den westlichen Gesellschaften die Vorstellung verbreitet, daß menschliche Erfüllung aus Selbstbehauptung resultiert. Der katholische Standpunkt, der der Botschaft Jesu verpflichtet ist, sagt genau das Gegenteil. Die Kirche lehrt, daß wir die Fülle unseres Menschseins nicht durch Selbstbehauptung, sondern durch Selbsthingabe erreichen – dadurch also, daß wir für andere so zu zum Geschenk werden, wie das Leben selbst für uns Geschenk ist.

Daß niemand von uns seine eigene Existenz verursacht hat, ist kein bloßer biologischer Zufall, sondern eine empirische Tatsache, die, unter dem Blickwinkel des Glaubens betrachtet, eine tiefe Wahrheit über unser Menschsein enthüllt. Selbstbehauptung ist aus katholischer Sicht die „Ursünde", die ewige menschliche Versuchung, der schon Adam und Eva im allerersten Anfang der Menschheitsgeschichte ausgesetzt waren.[11] Selbsthingabe dagegen ist dem Zweiten Vatikanischen Konzil zufolge der Königsweg zum menschlichen Glück: Durch die „aufrichtige Hingabe" entdecken wir unser wahres Selbst.[12] In einer Kultur, die lehrt, daß Freiheit in Selbstbehauptung, Autonomie und radikaler Unabhängigkeit von jedweder äußeren Autorität besteht, mag dies für Schwäche und sogar Feigheit gehalten werden. Jesus dagegen offenbart uns eine andere, tiefere Wahrheit über das Menschsein: „Wer sein Leben zu bewahren sucht, wird es verlieren; wer es dagegen verliert, wird es gewinnen“ (Lk 17,33).

Die Geschichte richtig verstehen

Man kann sich diese Ursünde – und das Menschsein an sich – auch damit erklären, daß die Menschheit gewissermaßen ihr Drehbuch verloren, ihre Geschichte vergessen hat.[13] Dann wird die Geschichte zu einer Expedition mit dem Ziel, diesen verlorenen Plot zu rekonstruieren oder sich wieder darauf zu besinnen. Niemand von uns kann ohne eine Geschichte, ohne eine Erzählung darüber leben, woher wir kommen und wohin wir gehen und worin der Sinn unseres Lebens besteht. Wenn die katholische Kirche lehrt, daß Jesus Christus „die Mitte des Kosmos und der Geschichte“ ist, dann tut sie dies nicht, um sich eitel mit ihrem Firmengründer zu brüsten.[14] Sie legt vielmehr einen Entwurf vor – über die wahre Geschichte der Welt und über den Platz, den jeder von uns in dieser Erzählung einnimmt.

Christus als die Mitte des Kosmos und der Geschichte zu betrachten heißt, die Welt anders und weniger vordergründig zu sehen. Wenn wir durch das Prisma des Glaubens sehen, dann erfahren wir, daß die Weltgeschichte und das, was die Gläubigen die „Heilsgeschichte“ nennen, nicht parallel nebeneinanderherlaufen. Aus katholischer Sicht verhält es sich vielmehr so, daß die Heilsgeschichte – die Geschichte von der Begegnung Gottes mit der historischen Menschheit, die in Jesus Christus ihren dramatischen Höhepunkt erreicht – Weltgeschichte ist: Weltgeschichte in ihrer Tiefendimension. Die Heilsgeschichte, Gottes Suche nach uns, ist die innere Dynamik der menschlichen Geschichte, der Motor, der die historische Entwicklung der Menschheit antreibt.

In gewisser Weise geht es um die Frage, welche Kapitelüberschriften die sinnvollsten sind. Natürlich ist es möglich, die Menschheitsgeschichte in Abschnitte einzuteilen, die Überschriften tragen wie „Der prähistorische Mensch", „Antike Zivilisationen", „Griechen und Römer", „Das Dunkle Zeitalter", „Die Welt des Mittelalters", „Renaissance und Reformation", „Aufklärung und Revolution", „Die Moderne", „Das Zeitalter der Raumfahrt". Doch würde ein solches Erzählen uns zu den tieferen Wurzeln der Menschheit, ihren Ursprüngen und ihrer Bestimmung führen? Der katholische Glaube hält eine reichere, umfassendere, wahrere Geschichte der Menschheit bereit und gibt ihren Kapiteln andere Überschriften: „Schöpfung", „Sündenfall", „Verheißung", „Prophezeiung", „Menschwerdung", „Erlösung", „Heiligung", „Das Reich Gottes".

Der Dreh- und Angelpunkt dieser Erzählung, „die Mitte des Kosmos und der Geschichte" ist Jesus Christus. Seine Geschichte ist die Geschichte, die unseren individuellen Geschichten und dem menschlichen Drama in seiner Gesamtheit letztlich einen Sinn verleiht. Das ist der Kern und die ganz spezifische Kühnheit der katholischen Botschaft: daß zu einem bestimmten Zeitpunkt, an einem bestimmten Ort und durch reale Menschenleben der Schöpfer des Universums in seine Schöpfung eingetreten ist, um die menschliche Geschichte wieder auf ihre wahre Bestimmung – das ewige Leben mit und bei Gott – auszurichten. Der Sohn Gottes, der im Schoß eines jüdischen Mädchens Fleisch angenommen hat und vor rund 2000 Jahren in einem obskuren Dorf irgendwo an der Peripherie des *Imperium Romanum* zur Welt gekommen ist, zieht die Menschheit in das innere Leben Gottes hinein – und verändert die Möglichkeiten des Menschseins damit auf dramatische Weise. Wenn der Sohn Gottes Mensch wird, sind Vergangenheit, Gegenwart und Zukunft für immer in das große Drama der Schöpfungs-, Erlösungs- und Heiligungspläne Gottes hineingenommen. Indem er zum Heil der Welt – denn die Welt soll und wird geheilt werden – in die Welt kommt, macht Christus „Geschichte" möglich, weil er auf diese Weise gewährleistet, daß das, was vergangen ist, nicht in einem schwarzen Loch der Nichtigkeit verschwinden wird.

Deshalb lehrt das Zweite Vatikanische Konzil, daß es nichts wahrhaft Menschliches gibt, das nicht im Herzen der Christen seinen Widerhall fände.[15] Alles was ist, ist von Belang, denn alles ist Teil des Epos von Schöpfung und Erlösung. Jeder, der ist, ist unendlich kostbar, denn jeder Mensch spielt eine Rolle in diesem großen kosmischen Drama mit Ewigkeitsrelevanz – einem Drama, in dem Gott zugleich Autor und Hauptdarsteller ist.

Dadurch, daß sie Jesus Christus verkündet, bietet die Kirche uns eine Begegnung und eine Deutung an: eine Begegnung mit dem Gott, der uns aus der dunklen Verwirrung unbeantworteter Fragen befreit, und eine Deutung des Ursprungs und des Ziels der Geschichte. In der Mitte von beidem, der Begegnung und der Deutung, steht radikale, hingebungsvolle Liebe. Denn „Gott ist die Liebe, und wer in der Liebe bleibt, bleibt in Gott und Gott bleibt in ihm" (1Joh 4,16). Auf dem Grund des Kosmos finden wir keine chemischen Verbindungen und Gase, keine Entropie, nicht die Kälte von Nichts und Tod; auf dem Grund der Geschichte finden wir keine Zufälligkeit und kein Chaos. Die Wurzel des Kosmos und der Geschichte ist Liebe.

„Und Liebe ist das Lebendigste, was es gibt".[16]

Ein Skandal?

Ist es ein Skandal, daß die katholische Kirche diese christuszentrierte Geschichte nicht einfach nur als eine interessante oder vielleicht sogar erhabene, sondern als *die* menschliche Geschichte überhaupt und als den Schlüssel zum Menschsein an sich betrachtet? Geht das nicht etwas zu weit? Ist es nicht ein Zeichen von Engstirnigkeit, Intoleranz oder sogar Haß, wenn man Jesus Christus als den einzigen „Heiland" der Welt propagiert – die endgültige, einmalige und unüberbietbare Offenbarung der Pläne Gottes für die Welt und die Geschichte, den einzigen, der uns den Weg ins Haus des Vaters weist?

Diese Einwände mögen modern klingen, sind jedoch in Wirklichkeit recht alt. Der römische Kaiser Julian (331–363) kritisierte das Judentum und das Christentum für ihre Intoleranz gegenüber anderen Göttern. Das erste Gebot, das den Israeliten gegeben worden war, daß nämlich Israel neben dem Gott, der sich selbst auf dem Sinai geoffenbart hatte, „keine anderen Götter" haben durfte (Ex 20,3), war Kaiser Julians Hauptanklagepunkt gegen die Christen und sein einziger Anklagepunkt gegen die Juden. Der Mann, der als „der Abtrünnige" in die Geschichte eingegangen ist, weigerte sich, die Einzigkeit des einen Gottes anzuerkennen, und vertrat die Ansicht, daß auch der Gott Israels nur eine Erscheinungsform dessen war, was er als das „große Geheimnis" bezeichnete. Wenn man etwas anderes glaubte, war man in Julians Augen weder liberal noch intelligent – man war, mit anderen Worten, intolerant.

Die Beweise für das Gegenteil waren jedoch in der spätrömischen Welt zahlreich und allgegenwärtig. Denn das Christentum hatte es im Römischen Reich nicht nur deshalb „geschafft", weil seine Botschaft so kraftvoll war, sondern weil diese Botschaft die Menschen der damaligen Zeit und insbesondere die Frauen zu einem besseren, glücklicheren, sichereren und toleranteren Leben ermächtigte. Über die starren sozialen und ethnischen Schranken der römischen Gesellschaft hinweg schuf die Jesusbewegung Netzwerke der Zuneigung, Wohltätigkeit und gesundheitlichen Versorgung. Sie gab den Frauen eine neue Würde, indem sie die Eheschließung feierte und die Kindstötung ablehnte, die damals bei weiblichen Nachkommen üblich war. Sie förderte die Auffassung, daß Kinder mehr waren als bloßer Besitz. Sie gab dem allgegenwärtigen physischen Leiden und der scheinbaren Zufälligkeit des Lebens einen Sinn und schuf inmitten der chronisch chaotischen römischen Städte Inseln der Stabilität. Kurz: die Jesusbewegung war so erfolgreich, weil sie die Enge und Intoleranz der heidnischen Antike durchbrach und in puncto Lebensstil eine reizvolle Alternative zu der Grausamkeit und Korruption römischer Zeiten darstellte, wie sie der preisgekrönte Film *Gladiator* so anschaulich gezeigt hat.[17]

Daß der Glaube an die Einzigkeit des Welterlösers Christus unweigerlich zu Intoleranz führe, ist ein Anklagepunkt, der von zahlreichen christlichen Zeugen in der heutigen Welt widerlegt wird. Mutter Teresa wurde nicht trotz ihres Glaubens an Jesus Christus, den einzigen Sohn Gottes und Erlöser der Welt, zu einer internationalen Ikone selbstloser Großzügigkeit; gerade wegen ihres Glaubens an Christus hob sie die Elenden, die auf Kalkuttas harten Straßen gescheitert waren, aus der Gosse und liebte sie bis in den Tod. Denn jeder dieser Unberührbaren war, wie sie immer wieder betonte, „Jesus in einer besonders verstörenden Verkleidung". Und ebenso wurde Papst Johannes Paul II. – allerdings auf einer anderen Ebene – nicht *trotz,* sondern gerade *wegen* seines christlichen Glaubens zu einem Vorkämpfer der internationalen Menschenrechte, des interreligiösen Dialogs und der Versöhnung. Wie er in seiner ersten Enzyklika *Redemptor Hominis* schreibt, muß die katholische Kirche zu „einer weltweiten Öffnung" gelangen, „damit alle in ihr ‚den unergründlichen Reichtum Christi' finden können", wie der heilige Paulus schreibt (Eph 3,8).[18] Toleranz, so gab der Papst zu bedenken, besteht jedoch nicht darin, den Unterschieden aus dem Weg zu gehen und sich damit zufriedenzugeben, daß es „meine Wahrheit" und „deine Wahrheit" gibt, wir uns jedoch niemals auf die Wahrheit werden einigen können. Echte Toleranz bedeutet vielmehr, die Unterschiede – vor allem im Hinblick auf die letzten Dinge – auszuloten und sich auf sie einzulassen. Dies muß in einer Haltung des tiefen Respekts geschehen: vor all jenen, die sich gerade aufgrund ihres Menschseins dazu gedrängt fühlen, nach Antworten auf die größten Fragen des Lebens zu suchen.[19] Das ist der Respekt, den der katholische Glaube fordert.

Daß Katholiken intolerant gewesen sind und daß diese Intoleranz auch vor Gewalt und Blutvergießen nicht haltgemacht hat, ist aus der Geschichte ersichtlich. Daß die Kirche diese Fehler eingesteht und als Verrat an Christus und seinem Evangelium bewertet, hat Johannes Paul II. am ersten Fastensonntag im Heiligen Jahr 2000 deutlich gemacht, als er mit der ganzen Kirche in einem großen und feierlichen Akt die Fehler der vergangenen zwei Jahrtausende bereute. Kritiker innerhalb der Kirche bemängelten, dieses Bekenntnis der von Söhnen und Töchtern der Kirche begangenen Sünden habe den Katholizismus geschwächt. Johannes Paul, der es als Theologe und Historiker besser wußte, hatte jedoch begriffen, daß ein solches Bekenntnis unumgänglich war, wenn die Kirche an der Schwelle des dritten Jahrtausends ihrer Geschichte in ihrem Glauben an die einzigartige Heilssendung Jesu Christi und in ihrem Bewußtsein gestärkt werden sollte, daß der Weg Christi nicht der Weg des Zwangs, sondern der Weg der Überzeugung ist.

Ein Leben jenseits der Angst

Der Christus, den der Katholizismus als den einen Erlöser der Welt verkündet, ist nach uralter christlicher Lehre „wahrer Gott und wahrer Mensch". Seine Menschennatur war kein Kostüm, in dem seine Gottheit auftrat. Seine Menschheit war real, substantiell, vollständig. Deshalb wußte er auch, was Angst ist. Eine der anrührendsten Szenen des Evangeliums zeigt Jesus in der Nacht vor seinem Leiden und Sterben in Todesangst. Er fühlte das Entsetzliche, das auf ihn zukam; er fürchtete sich davor; und er betete zu Gott, daß dieser Kelch an ihm vorübergehen möge (vgl. Mt 26,39).

Jesu Todesangst im Garten Getsemani ist von vielen christlichen und andersgläubigen Kommentatoren als tiefe Metapher für die Situation des Gegenwartsmenschen gedeutet worden. Ein Theologe schreibt, daß die Angst in der heutigen Welt „unbarmherzig die menschlichen Kehlen" würge. „Sie füllt die Sprechzimmer der Psychiater, bevölkert die Irrenhäuser, läßt die Selbstmordziffern steigen, legt die Sprengbomben, löst die kalten und heißen Kriege aus. Man sucht sie aus den Seelen auszurotten wie Unkraut, durch betäubenden Optimismus, forcierte Hoffnungsphilosophie, Freigabe aller Reizmittel [...] Einladung zu jeder Form der Selbstentfremdung.“[20] Je reicher, gesünder und weltmännischer manche Vertreter der Wohlstandsgesellschaft werden, desto unsicherer wirken sie. Je näher ein schrumpfender Planet Menschen verschiedener Kulturen zusammenbringt, desto mehr Angst haben sie voreinander.

Der katholische Glaube an Jesus Christus leugnet die Angst nicht – ebensowenig, wie Jesus selbst vor beinahe zweitausend Jahren in jenem Garten am Stadtrand von Jerusalem seine Angst geleugnet hat. Der Glaube verwandelt die Angst durch eine persönliche Begegnung mit Jesus Christus und seinem Kreuz. In seiner freien und uneingeschränkten Gottergebenheit hat Jesus alle Angst der Welt mit sich ans Kreuz genommen und vereint mit seinem eigenen Leben Gott dargebracht. Und Gott antwortete mit Ostern, mit der Auferstehung Christi, in der der Inbegriff aller menschlichen Furcht überwunden wurde: der Tod.

Der Christ lebt nicht ohne Furcht oder gegen die Furcht. Der Christ lebt jenseits der Furcht. Eines der besten Beispiele hierfür war Papst Johannes Paul II. Der jugoslawische Dissident und Schriftsteller Milovan Djilas, der in seinem Leben eine ganze Menge furchtbarer Dinge gesehen hatte, hat einmal gesagt, das Erstaunlichste an Johannes Paul II. sei für ihn gewesen, daß der Papst durch und durch furchtlos war.[21] Diese Furchtlosigkeit Johannes Pauls II. ist, das muß man betonen, ihrem Charakter nach eindeutig christlich. Sie ist keine stoische Furchtlosigkeit, kein trotziger Mut angesichts einer im wesentlichen irrationalen Welt. Sie ist keine Furchtlosigkeit, die aus der völligen Freiheit von persönlichen moralischen Verpflichtungen und Verbindlichkeiten gegenüber anderen Menschen resultiert. Und sie ist ganz sicher keine trügerische Furchtlosigkeit, die die Augen vor alledem verschließt, was der modernen Welt und ihren Bewohnern angst macht. Die Furchtlosigkeit des Papstes ist ganz unverkennbar christlich: das heißt, sie ist ganz unverkennbar christuszentriert. Deshalb bestand der damals bereits fast achtzigjährige Papst, der nur mühsam und unter Schmerzen zu gehen vermochte, im März 2000 an seinem letzten Tag in Jerusalem darauf, die steilen Steinstufen nach Golgatha hinauf zur Stätte der Kreuzigung Christi in der Grabeskirche zu gehen. Er wollte an dem Ort beten, wo der Sohn Gottes seinem Vater alle menschliche Angst dargebracht und mit diesem Opfer der gesamten Menschheit ein Leben ohne Angst ermöglicht hatte.

Das ist es, was der Katholizismus unter „Erlösung" versteht. Jedes menschliche Leben ist eine Frage. Und Jesus Christus ist die Antwort auf diese Frage – weil er der Erlöser ist.

2. Macht der Glaube an Gott uns unfrei?

Befreiung und der Gott Abrahams, Isaaks, Jakobs und Jesu

Ist der Gott, den Jesus „Vater" nannte, ein Feind der Freiheit? Macht der Glaube an den Gott der Bibel uns irgendwie unfrei und klein? Wird die Menschheit so lange abergläubisch und unreif bleiben, bis sie sich von ihrem „Gottesbedürfnis" befreit hat? Diese modernen Fragen – und die positiven Antworten, die häufig darauf gegeben werden – haben das Gesicht unserer Welt dramatisch verändert.

In den meisten Teilen der industrialisierten Welt sieht der Sonntag mittlerweile sehr viel anders aus als noch vor sechzig oder siebzig Jahren. Die Glaubenskrise, die sich in Europa und Kanada an leeren Kirchen und in den Vereinigten Staaten an einem Rückgang der katholischen Praxis manifestiert, hat viele Ursachen. Manche Menschen sind der religiösen Institutionen überdrüssig. Andere stehen der Möglichkeit, daß der Mensch überhaupt irgendeine Wahrheit erkennen kann – von der Wahrheit über die Letzten Dinge ganz zu schweigen –, prinzipiell skeptisch gegenüber. Die Unfähigkeit der Kirche, das Evangelium überzeugend zu verkünden, und das unvollkommene Leben mancher Christen haben den Unglauben oder das bloße Desinteresse in der heutigen Welt ebenfalls in nicht unerheblichem Maße mitverursacht.

In diesen drei Aspekten – Überdruß, Skepsis und Grenzen der Kirche selbst – ist unsere gegenwärtige Situation nichts anderes als eine Kopie der vorangegangenen zwei Jahrtausende christlicher Geschichte. Das dramatisch Neue an der derzeitigen Glaubenskrise aber ist die Vorstellung, daß der biblische Gott ein Feind der menschlichen Reife und der menschlichen Freiheit ist. Schon immer haben sich Menschen mit der Institution Kirche schwergetan; schon immer waren Menschen skeptisch veranlagt; und schon immer war das Zeugnis, das die Kirche von Christus gegeben hat, verbesserungsfähig. Der wirklich neue und unverkennbar moderne Vorwurf ist der, daß selbst dann, wenn das Zeugnis der Kirche effektiv, mitreißend und überzeugend wäre, ihre Verkündigung dennoch in sich unmenschlich ist. Das ist die Anklage unserer Zeit gegen den Gott der Bibel. Und sie hat die Geschichte unserer Zeit immens beeinflußt.

Während des Zweiten Weltkriegs versuchte einer der klügsten Theologen des zwanzigsten Jahrhunderts, der französische Jesuit Henri de Lubac (1896–1991), die nie dagewesenen Greuel des zwanzigsten Jahrhunderts bis zu ihrer Wurzel zurückzuverfolgen. Was, so fragte er, hatte den Kommunismus, den Nationalsozialismus und jenen krassen Utilitarismus hervorgebracht, der den Menschen auf ein Objekt der ökonomischen oder politischen Manipulation reduziert? De Lubac war ein Mann, der daran glaubte, daß Ideen Konsequenzen haben. Seine Antwort lautete, daß die Übel des zwanzigsten Jahrhunderts auf die eine oder andere Weise von einem Phänomen hervorgebracht worden sind, das im menschlichen Kontext gänzlich neu war. Dieses Phänomen nannte er den „atheistischen Humanismus".[1]

Der Atheismus war natürlich nichts Neues. Der Dorfatheist und der radikale intellektuelle Skeptiker waren vertraute Gestalten. Doch der atheistische Humanismus war etwas anderes. Das hier war nicht die Skepsis einzelner oder der Verdruß von Männern und Frauen, die sich von der Institution Kirche abgewandt hatten. Das hier war ein Atheismus mit einer hochentwickelten Ideologie und einem Programm zur Weltverbesserung. Seine Propheten, zu denen einige der berühmtesten Intellektuellen des neunzehnten Jahrhunderts zählten, lehrten ausnahmslos, daß der Gott der Bibel ein Feind der menschlichen Würde und Freiheit sei. Der Schriftsteller Franz Werfel hat das Wesen dieses neuartigen

Atheismus in seinem Roman Das *Lied von Bernadette* treffend eingefangen. Hartnäckig versucht Mitte des neunzehnten Jahrhunderts in dem kleinen Pyrenäendorf Lourdes das Übernatürliche durch wundersame Heilungen auf sich aufmerksam zu machen. Das beleidigt Monsieur Duran, Cafébesitzer und Anführer der örtlichen Partei des atheistischen Humanismus. Monsieur Duran zufolge sollten alle vernünftigen Männer in der Anerkennung einiger offenkundiger Tatsachen übereinstimmen, nämlich darin,

> daß die Natur ziemlich einfach organisiert sei. Der Himmel ist ein leerer, starrer Raum, angefüllt mit einigen Trillionen von verschiedenartigen Sternsystemen [...] Wo zwischen den Feuerbällen eine unermeßliche Leere gähnt, dort dürfte für eine sogenannte Übernatur kein Platz sein. Auf einem unwichtigen Trabanten eines der unwichtigsten Sternsysteme vegetiert eine Affenart, Mensch genannt. Die Vorstellung, daß die männlichen Tiere und sogar ein weibliches Tier dieser kümmerlichen Affenart die Ebenbilder jener Wesen sein sollen, die das Weltall regieren [...] entspricht der Denkart trauriger Wilder, die sich zu der größten Tat ihres Stammes noch nicht durchgerungen haben, zum Verzicht auf Wunschgestalten. Erst wenn die dolose, die absichtsvolle Dummheit überwunden sein wird, die jedem Illusionismus zugrunde liegt, erst wenn der Mensch sich von der vorzeitlichen Gefühlstäuschung losgesagt hat, daß seine Erde mitsamt ihm selbst ein Mittelpunkt sei und sein Geist etwas anderes als eine durch ihre Notdurft bedingte zweckmäßige Funktion der Materie, und wenn er sich dann endlich bescheidet, in seinem Leben nichts Größeres zu sehen als den physikalisch-chemisch-biologischen Mechanismus, das es im wesentlichen ist, dann erst wird er anfangen, ein Mensch zu sein, anstatt eines dämonengläubigen Halbtiers. Diese Menschwerdung wird unmittelbar Duldsamkeit hervorbringen, Vernunftherrschaft und Vernichtung aller dunklen, mörderischen Triebe.[2]

Diese Ideen und dieses Programm stellten, so Henri de Lubac, einen großen Umschwung dar. Die alte Welt hatte die biblische Religion als eine Befreiung von den Launen des Schicksals empfunden. Wenn Gott die Welt und die darin lebenden Männer und Frauen erschaffen hatte und wenn jedes Menschenwesen durch Gottesdienst und Gebet einen direkten „Draht“ zum Schöpfer hatte, dann konnten die Menschen nicht mehr von unzähligen Göttern, Geistern und Dämonen manipuliert werden, die mit ihrem Leben spielten. Der biblische Gott war im Gegensatz zu den Gottheiten der alten Welt weder ein willkürlicher Tyrann noch eine philosophische Abstraktion. Und er war auch kein unerreichbarer kosmischer Uhrmacher, der damit zufrieden war, daß er die Welt erschaffen hatte, und sie nun ihren eigenen Mechanismen überließ. Der Gott Abrahams, Isaaks, Jakobs und Jesu war in die Geschichte eingetreten und unser Gefährte auf der Pilgerreise unseres Lebens geworden. In Gemeinschaft mit diesem Gott zu sein hieß, vom Schicksal befreit zu sein, frei für die Freiheit, frei für menschliche Vortrefflichkeit.

Doch das, was Judentum und Christentum als Befreiung darstellten, nannte der atheistische Humanismus Sklaverei. Sich Gottes zu entledigen, so argumentierten Tausende von Durans, sei die Voraussetzung für menschliche Größe. Dieser Atheismus war keine intellektuelle Mode und auch kein Symptom der Verzweiflung. Das hier war der atheistische Humanismus, der sich die Befreiung des Menschen auf seine Fahnen geschrieben hatte. Und Pater de Lubac zufolge war er das Herzstück der Zivilisationskrise des zwanzigsten Jahrhunderts.

Denn diese neue Idee war nicht nur eine Idee geblieben. Von Lenin, Hitler, Mao und ihren harmloseren Epigonen in die Geschichte gebracht, hatte der atheistische Humanismus den Menschen eine tödliche Lektion erteilt. Früher hatte man einmal geglaubt, daß die Menschen ohne Gott nicht in der Lage seien, die Welt zu organisieren. Das, so räumte Pater de Lubac ein, traf nicht zu; wie das zwanzigste Jahrhundert überdeutlich gezeigt hatte, konnten die Menschen durchaus versuchen, ihr Leben und ihre Angelegenheiten allein zu regeln. Der atheistische Humanismus allerdings hatte bewiesen, daß die Menschen ohne Gott lediglich in der Lage waren, die Welt als brutalen Wettstreit des Willens und als Kampf des einen gegen den anderen zu organisieren. Das war die entsetzliche Lektion des atheistischen Humanismus in seinen faschistischen, kommunistischen und utilitaristischen Spielarten. Ein ausschließlich und übermäßig weltlicher Humanismus ist unweigerlich ein unmenschlicher, ein inhumaner Humanismus. Im erstickenden Klima einer Welt ohne Fenster oder Türen wenden sich die Menschen zwangsläufig gegeneinander.

Die Katastrophen, die der atheistische Humanismus im zwanzigsten Jahrhundert verursacht hat, werfen einige drängende und interessante Fragen auf. Kann es sein, daß das Gegenteil dessen zutrifft, was die Skeptiker sagen? Kann es sein, daß die Männer oder Frauen, die am meisten von Gott abhängen, gerade deshalb als Menschen am freiesten sind? Kann es sein, daß unsere Gottabhängigkeit und unsere menschliche Freiheit proportional zueinander wachsen?

Auf den Spuren der Engel

Es gab einmal eine Zeit – und genaugenommen liegt sie noch gar nicht so lange zurück –, da gebildete Katholiken in der Lage waren, die sogenannten „Beweise" für die Existenz Gottes auswendig herzusagen: Gott als der „Erste Beweger", die „Unverursachte Ursache", der „Notwendig Seiende" und so fort.[3] Heute lehrt die katholische Kirche zwar noch immer, daß die Tatsache von der Existenz Gottes rational erfaßt werden kann, doch der Beweisbegriff ist differenzierter geworden: „Der Mensch", so heißt es im *Katechismus der Katholischen Kirche,* „entdeckt [...] auf der Suche nach Gott gewisse ‚Wege', um zur Erkenntnis Gottes zu gelangen. Man nennt diese auch ‚Gottesbeweise', nicht im Sinn naturwissenschaftlicher Beweise, sondern im Sinn übereinstimmender und überzeugender Argumente".[4] Die Überzeugung, daß Gott existiert, gewinnen wir nicht auf dieselbe Weise wie die Überzeugung, daß zwei plus zwei in unserem Dezimalsystem vier ergibt, sondern so, wie wir die Überzeugung gewinnen, daß wir lieben und von jemandem geliebt werden. Was der Katechismus „übereinstimmende und überzeugende Argumente" für die Wirklichkeit Gottes nennt, erwächst nicht aus der Abstraktion, sondern aus unserer eigenen Welt- und Lebenserfahrung.

Vor rund dreißig Jahren hat der Soziologe Peter L. Berger dies auf ansprechende Weise dargelegt. In seinem Buch *Auf den Spuren der Engel,* das zu einem kleinen Klassiker geworden ist, zeigte Professor Berger, daß es „Zeichen der Transzendenz" gibt, die in das Menschsein eingebettet sind: kraftvolle Hinweise darauf, daß die Welt unserer sinnlichen Wahrnehmung nicht alles ist. Diese Zeichen der Transzendenz sind Teil der natürlichen Wirklichkeit und unserer gemeinsamen Erfahrung, die jedoch „über diese hinauszuweisen scheinen": auf etwas, das plausibel als das „Übernatürliche" bezeichnet werden könnte. Bergers Zeichen der Transzendenz haben nichts mit außerordentlichen spirituellen Erfahrungen wie den Ekstasen und Qualen großer Mystiker zu tun. Sie erwachsen aus den gewöhnlichen, alltäglichen Lebenswirklichkeiten.

Nehmen Sie zum Beispiel das menschliche Bedürfnis nach Ordnung. Menschen können nicht ohne Ordnung leben. Chaos erschreckt uns, und ehe sie im politischen Chaos versinken, entscheiden sich Männer und Frauen lieber für eine echte und wirkliche Tyrannei (wie es beispielsweise in Deutschland in den frühen 1930ern geschehen ist). Unser Ordnungsbedürfnis ist jedoch nicht bloß sozialer und politischer Natur. Berger stellt uns das Bild einer Mutter vor Augen, die ihr ängstliches Kind beruhigt. Stellen Sie sich ein Kind vor, das mitten in der Nacht aus einem bösen Traum erwacht und sich in einer Welt wiederfindet, die dunkel und bedrohlich scheint. Das Kind beginnt zu weinen, die Mutter reagiert. Was sagt sie, um ihr Kind zu trösten? „Der Grundtenor", so Berger, „ist auf der ganzen Welt immer und immer derselbe: ‚Hab' keine Angst; ‚alles ist in Ordnung'; ‚alles ist wieder gut'."

Die Mutter bezieht sich, wie wir sehen, nicht einfach auf die betreffende Situation. Sie trifft eine Aussage über die Wirklichkeit selbst, eine Wirklichkeit, die über die unmittelbare Angst ihres Kindes hinausgeht: „*Alles* ist in Ordnung." Berger deutet an, daß diese vertraute Beruhigungsformel eine „Spur der Engel" ist – ein Zeichen der Transzendenz von kosmischer Tragweite. Denn instinktiv zu sagen, daß „alles in Ordnung" ist, beinhaltet zweierlei: daß die „Ordnung", die eine Mutter ihrem ängstlichen Kind bringt, auf eine Ordnung bezogen ist, die die menschliche Ordnung „transzendiert", und daß diese transzendente Wirklichkeit etwas ist, dem wir uns selbst und unsere Zukunft anvertrauen können.

Dann ist da die Erfahrung des Spiels. Berger beschreibt kleine Mädchen, die in einem Park „Kreidekreise" spielen. „Sie sind ganz versunken, abgeschlossen von aller Welt und glücklich in ihrer Hingenommenheit. Die Zeit steht still für sie [...] Außenwelt und Außenzeit haben unterdessen aufgehört zu sein. Implizit – denn die kleinen Mädchen sind sich dessen ja nicht bewußt – haben auch Schmerz und Tod, die der Außenwelt den Stempel aufdrücken, vor den kleinen Mädchen die Waffen gestreckt. Und sogar der Erwachsene, der vorübergeht und um Schmerz und Tod nur allzu genau Bescheid weiß, auch er ist für einen Augenblick betroffen und einbezogen in die glückliche Immunität des Spiels." Das Spiel der Mädchen findet in einer eigenen zeitlichen Dimension, einer Zeit außerhalb der Zeit – oder, wenn Sie so wollen, einer Zeit jenseits der Zeit – statt. Die Erfahrung, „in" dieser Zeit außerhalb der Zeit zu sein, ist ein Zeichen der Transzendenz. Das Spiel lehrt uns, daß die Zeit, die wir kennen, nicht alle Zeit ist, die es gibt – und das ist eine durchaus befreiende Lektion.

Anschließend beschreibt Peter Berger drei weitere Spuren der Engel oder Zeichen der Transzendenz, die aus der „normalen" Welt stammen und doch auch darüber hinausweisen.

Da ist die Erfahrung der Hoffnung über den Tod hinaus. Sie manifestiert sich im Mut eines Soldaten, der sich für einen Kameraden opfert, oder im Wagnis eines Dissidenten, der trotz der drohenden Konsequenzen sagt, was er sagen muß. Da ist die Erfahrung überwältigenden Abscheus, wie wir ihn bei bestimmten Verbrechen empfinden, „die zum Himmel schreien" (und zur Hölle). Und da ist schließlich unsere Erfahrung des Komischen; unser Lachen über die Unstimmigkeiten und Absurditäten des Lebens (die Berger als die „Gefangenschaft des Geistes in der Welt" bezeichnet) verweist über alle Tragik hinaus auf eine befreite oder sogar erlöste Zukunft.

Unser Leben, schlußfolgert Professor Berger, ist voller Ekstase: nicht im Sinne außergewöhnlicher mystischer Erfahrungen, sondern in dem ganz alltäglichen Sinne all jener Momente, in denen wir „aus den Gewißheitsstrukturen der Alltagswelt" heraustreten und eine „Offenheit für das Numinose" erfahren, „das uns von allen Seiten umgibt".[5] Unser täglicher Lebensrhythmus, so gibt uns Berger zu verstehen, sagt uns, daß wir nicht in einem abgeschlossenen Universum, sondern in einer Welt leben, die Fenster und Türen hat. Gewisse Realitäten unseres Alltagslebens erschließen uns eine Realität jenseits unseres Alltagslebens, und das gilt ebenso für gewöhnliche Menschen wie für Mystiker. Diese transzendente Realität, das „Numinose", das unsere Welt umgibt und dessen Gegenwart wir in unserer Welt entdecken können, ist das Mysterium, das die Christen „Gott" nennen. Wenn wir dieser Realität begegnen, dann erscheint unser Menschsein uns leichter, freier, eher als Chance denn als Last; dann erfüllt das Morgen uns nicht mit Furcht, sondern mit freudiger Erwartung. Die Begegnung mit dem Mysterium Gottes ist Befreiung und keine Sklaverei.

Die Erfahrungen der Transzendenz sind überall um uns herum, und wer gründlich über diese Erfahrungen nachdenkt, der kann, wie der *Katechismus der Katholischen Kirche* es formuliert, zu einer Reihe „übereinstimmender und überzeugender Argumente" für die Existenz Gottes gelangen. Darüber jedoch, wie Gott ist oder welche Attribute er hat, können diese Erfahrungen uns nicht soviel sagen. Dieses Wissen, so lehrt die katholische Kirche, müssen wir der Offenbarung entnehmen, die die Selbstoffenbarung Gottes ist. Wo enthüllt uns der biblische Gott, wer er ist? Er sagt es uns in der Geschichte: durch seine Beziehung zu seinem auserwählten Volk Israel und durch seinen Sohn Jesus Christus, der in seiner Person, seiner Lehre und seinem Wirken Gottes Attribute offenbart.

Unter den „Charakterzügen" Gottes, die in der jüdischen Bibel und im Neuen Testament zu erkennen sind, betont Papst Johannes Paul II. vor allem Gottes Barmherzigkeit, die der wesentliche Aspekt seiner Vaterschaft ist. In der gesamten jüdischen Bibel, angefangen bei der Rebellion am Berg Sinai über die Landnahme in Israel bis hin zu den Prüfungen, dem Exil und der Rückkehr des jüdischen Volkes gibt sich Gott inmitten der Unbeständigkeit und Untreue seines Volkes immer wieder durch seine Beständigkeit und Treue zu erkennen: Gott offenbart sich in seiner Barmherzigkeit. Die jüdische Bibel betont, daß der Gott Abrahams, Isaaks und Jakobs ein gerechter Gott ist. Darüber hinaus aber zeigen die jüdischen Schriften, so Johannes Paul II., daß die Gerechtigkeit „von der ‚Größe' der Liebe überragt [wird], insofern diese ursprünglicher und grundlegender ist."[6]

Das Thema der treuen und grenzenlosen Barmherzigkeit Gottes setzt sich in der Lehre Jesu fort und findet seinen pointiertesten und kraftvollsten Ausdruck im Gleichnis vom verlorenen Sohn (Lk 15,11–32), das wohl treffender das Gleichnis vom barmherzigen Vater genannt werden sollte. Es ist eine Synthese der gesamten biblischen Barmherzigkeitstheologie – und damit eine Synthese des biblischen Gottesbildes. In der Deutung Johannes Pauls II. ist der verlorene Sohn (der sein Elternhaus verläßt und durch einen zügellosen und ausschweifenden Lebensstil sein Erbe verpraßt) eine allgemeingültige Gestalt: ein „Jedermann", der die volle Last des Menschseins auf seinen Schultern trägt: „das Wissen um die leichtsinnig zerstörte Sohnschaft" oder um die verlorene menschliche Würde. Indem er seinen reuigen Sohn wieder in sein Haus aufnimmt – nicht als Tagelöhner, wie der Sohn selbst es ihm vorschlägt, sondern als vollgültiges Mitglied der Familie –, bleibt, so Johannes Paul II., der vergebende Vater seiner Vaterschaft treu. Als „Vater" geht er über die strengen Regeln der Gerechtigkeit hinaus und stellt die Wahrheit seines mißratenen Sohnes wieder her – gibt ihm seine verlorene Sohneswürde zurück. Wahre Barmherzigkeit, darauf weist das Gleichnis hin, ist für den, dem sie geschenkt wird, keine Demütigung. Gott bestätigt den Empfänger seiner göttlichen Barmherzigkeit in seiner oder ihrer Menschenwürde – und befreit uns damit.[7]

Der Gott, den Jesus offenbart, ist weit mehr als bloß eine kosmische Versicherung dafür, daß alles Seiende einschließlich unseres Lebens nicht rein zufällig ist. Die Wirklichkeit Gottes bedeutet, daß wir nicht in einer irrationalen oder absurden Welt leben, und dieses Wissen ist sehr wichtig. Und dank der Selbstoffenbarung Gottes in der Geschichte Israels und in Jesus Christus wissen wir sogar noch viel mehr.

Der Gott, den Jesus offenbart, ist Gott als Vater, Gott als väterliches Erbarmen, in dem Gerechtigkeit und Liebe verschmelzen und den Empfänger dieses Erbarmens befreien. Sich auf die Suche nach diesem Gott zu begeben, ist weder kindisch noch erniedrigend. Sich auf die Suche nach dem Vater des Erbarmens zu begeben heißt, unsere Bedürftigkeit so zu erkennen, wie sie ist, und uns selbst so zu erkennen, wie wir sind. Das ist der Weg der Reife. Und es ist der Weg der authentischen Freiheit.

Die Dreifaltigkeit

Nahezu zwei Jahrtausende lang haben Christen mit der Lehre gerungen, daß der Gott Abrahams, Isaaks, Jakobs und Jesu eine Dreieinigkeit von Personen ist, die die Christen als den „Vater“, den „Sohn“ und den „Heiligen Geist“ bezeichnen. Freimütig bekennt der *Katechismus der Katholischen Kirche,* Gottes „innerstes Wesen als heilige Dreifaltigkeit“ stelle ein Geheimnis dar, „das der Vernunft nicht zugänglich ist“.[8] Die Christen haben sich die Lehre von dem einen Gott in drei Personen nicht auf abstrakte Weise konstruiert. Der christliche Dreifaltigkeitsglaube beruht vielmehr auf der christlichen Erfahrung der „dreieinen“ Selbstoffenbarung Gottes: Der Sohn offenbart den Vater, der den Sohn in die Welt gesandt hat; der Heilige Geist setzt das Wirken des Sohnes in der Welt und in der Kirche fort und vertieft unser Begreifen sowohl im Hinblick auf den Vater als auch auf den Sohn.

Die intellektuelle Schwierigkeit dieser Vorstellung von einem Gott, der drei Personen ist, hat jahrhundertelang die fähigsten theologischen Köpfe beschäftigt. Und auch für Prediger stellt das Thema eine Herausforderung dar. Der heilige Patrick, der einer frommen Legende zufolge im fünften Jahrhundert den Iren die Dreifaltigkeit mit Hilfe eines Kleeblatts zu erklären versuchte, konnte ein Lied davon singen. Gehen Sie am Dreifaltigkeitssonntag (dem Sonntag nach Pfingsten, dem jährlichen Hochfest des Heiligen Geistes und dem „Geburtstag der Kirche“ fünfzig Tage nach Ostern) in eine beliebige katholische Kirche irgendwo auf der Welt, und Sie werden dort mit großer Wahrscheinlichkeit den Priester oder Diakon zu Beginn der Predigt etwas sagen hören wie: „Für einen Prediger ist das die schwierigste Woche im ganzen Jahreskreis.“ Dennoch gibt es einen Weg, über die Dreifaltigkeit zu sprechen, der auch Nichttheologen offensteht – und der uns überdies zeigt, daß der Glaube an Gott uns wichtige Wahrheiten über die menschliche Befreiung lehrt.

Das ganze Jahr über erinnert sich die Kirche in den biblischen Lesungen ihrer wöchentlichen und täglichen Liturgie an die großen Taten, die Gott für sein Volk vollbracht hat. Die jüdische Bibel lehrt uns, daß Gott die Welt erschaffen und der Menschheit in seinem großen Plan einen besonderen Platz gegeben hat. Er erwählte sich ein Volk, Israel, dem er seine Verheißung der Befreiung und Erlösung anvertraute. In der Fülle der Zeit, so erfahren wir aus dem Neuen Testament, sandte Gott seinen Sohn, geboren von der Jungfrau Maria, damit er die Sünden der Welt auf sich nahm und sie im Feuer seiner sich selbst aufopfernden Liebe verbrannte. Dann erweckte Gott Jesus von den Toten und zerstörte damit die Macht des Todes über die Schöpfung.

Jede dieser Taten wurde von einem Gott vollbracht, der nicht unnahbar und über alles erhaben, sondern immer bei uns ist. Was Gott tut, lehrt uns etwas Wichtiges darüber, wer Gott ist. Denn Gott könnte nicht „mit uns" sein – Gott könnte nicht in eine vertraute Beziehung zu den Männern und Frauen in der Geschichte treten –, wenn dieses „Mit-Sein" nicht irgendwie auch Bestandteil des göttlichen Wesens wäre.

Der Gott Abrahams, Isaaks, Jakobs und Jesu ist ein Gott der liebenden und vertrauten Nähe zu seiner Schöpfung. Um für uns ein solcher Gott zu sein, muß Gott in seinem eigenen Leben liebende Vertrautheit und „Mit-Sein" erfahren. Um uns Selbsthingabe und Empfänglichkeit und Gegenseitigkeit zu lehren, muß Gott diese Dinge aus seinem eigenen ewigen Leben kennen. Der Gott, an den die Christen als an eine Heilige Dreifaltigkeit glauben, ist ein Gott, der vor Selbsthingabe überfließt: Das Sich-Schenken des Vaters zeugt den Sohn, und das wechselseitige Sich-Schenken des Vaters und des Sohnes bringt eine grundlegende Einheit von Vater und Sohn hervor, die das Neue Testament als „Heiligen Geist" bezeichnet.

Einen ersten Hinweis auf dieses innere Mysterium des göttlichen Lebens erhielt die Menschheit mit der Sendung Jesu Christi, dem das Matthäusevangelium den hebräischen

Namen *Emmanuel* gibt: „Gott-mit-uns" in der Geschichte. Die Inkarnation Jesu Christi, des menschgewordenen Gottesworts, läßt uns zum ersten Mal ahnen, daß dieses „Mit-Sein" von aller Ewigkeit her Gottes Wesen ist: Gott ist schon vor Erschaffung der Welt „mitgewesen". Denn das, was die Bibel „Schöpfung" nennt, ist das Überfließen der inneren Lebendigkeit Gottes in die Zeit und in die Geschichte. Die Menschwerdung Jesu Christi und die Erlösung, die er für die Welt erwirkt hat, waren trinitarische Akte, die aus der überströmenden Hingabe, Empfänglichkeit und Wechselseitigkeit Gottes hervorgegangen sind.

Anders und vielleicht noch tiefer gefaßt ist die Wahrheit über die Heilige Dreifaltigkeit die, daß Gott ein lebendiges, ewiges Ereignis, eine Gemeinschaft der schenkenden und empfangenden Liebe ist. Wir können diese tiefe Wahrheit über das Leben Gottes-in-sich durch unsere Erfahrung Gottes-mit-uns erahnen. Gottes Taten in der Geschichte sind eine göttliche Einladung, voller Ehrfurcht die Liebe zu bedenken, die Gott-in-sich ist: eine Dreiheit der Personen in einer Einheit der Gottheit.

In seinem auserwählten Volk Israel und in seinem Sohn Jesus Christus ist Gott in die Geschichte eingetreten, um „mit uns" zu sein, damit wir auf ewig „mit Gott" sein können. Das ist nach christlicher Überzeugung die Bestimmung der Menschheit. Das ist es, was Jesus Christus, der Sohn Gottes und die zweite Person der Dreifaltigkeit, uns durch seinen Tod und seine Auferstehung erwirkt hat. Das ist die Verheißung, die mit der Aussendung des Heiligen Geistes, der dritten Person der Dreifaltigkeit, besiegelt worden ist. Wir sollen auf ewig in dem Licht und der Liebe, dem Geben und Empfangen der Heiligen Dreifaltigkeit leben. Das ist es, was die Christen an Weihnachten, Ostern und Pfingsten, den großen Festen des Wirkens Gottes in der Geschichte, feiern.

Und das ist eine wesentliche Dimension dieser so sperrigen christlichen Lehre von der Dreifaltigkeit. Die Dreifaltigkeit, eine Lehre über Gott, wirft ein durchdringendes Licht auf die Bedeutung und den Sinn jedes menschlichen Lebens.[9]

Die Dreifaltigkeitslehre untermauert die christliche Überzeugung, daß der Weg zum Gedeihen der Menschheit über Hingabe und Empfänglichkeit führt.

Gott jenseits der „Spiritualität"

Vor hundert Jahren, an der Schwelle des zwanzigsten Jahrhunderts, war man in aufgeklärten Kreisen zuversichtlich, daß die Menschheit an der Wende zum dritten Jahrtausend ihr „Bedürfnis" nach Religion überwunden haben würde. Zu Beginn des einundzwanzigsten Jahrhunderts sind drei der mächtigsten kulturellen Kräfte auf der Weltbühne religiös: der aktivistische Islam, der evangelikale Protestantismus und der römische Katholizismus. Bei dem Versuch, dieses unerwartete Phänomen zu erklären, greifen die aufgeklärten Kreise unserer Zeit zu psychologischen Kategorien und betrachten die Religion (die oft als „Spiritualität" betitelt wird) als eine mögliche Antwort auf ein von vielen empfundenes Bedürfnis. So gesehen wäre das Christentum nur eine Teilmenge eines weitverbreiteten menschlichen Phänomens, das als „Religion" bezeichnet wird. Diese neue spirituelle Faszination ist sicherlich nicht zu verachten. Aber mit dem Selbstverständnis des Katholizismus hat sie nicht viel zu tun.

Die Vorstellung, daß die Religion eine Gattung und das Christentum eine Art innerhalb dieser Gattung (und der Katholizismus wiederum eine Unterart) darstellt, wurde im neunzehnten Jahrhundert von liberalen protestantischen Religionshistorikern erfunden. Trotz ihrer Grenzen hat diese gedankliche Strömung etwas diagnostiziert, was eine universale Tatsache zu sein scheint: die Offenheit des Menschen für das Transzendente oder, wie Peter Berger es so anschaulich nennt, die „Spuren der Engel". Doch das Christentum hat sich selbst nie als bloßes Beispiel oder Exemplar von etwas anderem empfunden. Das Christentum steht für sich selbst, und es ist ausgerechnet das am weitesten verbreitete christliche Fest, das diese Eigenständigkeit deutlich macht: Weihnachten. Viele heutige Adepten der verschiedenen Formen von Spiritualität verstehen die Religion als Suche des Menschen nach Gott, und das gilt auch für einige Christen. Aus katholischer Sicht ist das Christentum jedoch in Wirklichkeit Gottes Suche nach uns und unser Versuch, Gott auf seinem Weg nachzufolgen.[10]

Das lehrt uns die Weihnachtsgeschichte, denn das ist die Botschaft, die die Engel den Hirten auf Bethlehems Feldern verkünden. Gott war Mensch geworden, damit Gott ganz und gar in den Kummer der Welt eintreten und ihn in Freude verwandeln konnte. Die Hirten werden eingeladen, sich auf den Weg zu machen, um Gott zu begegnen, und sie werden ihn als ein Kind vorfinden, „das, in Windeln gewickelt, in einer Krippe liegt" (Lk 2,12).

Diese Merkwürdigkeit – der Sohn Gottes, der seine Freiheit menschlicher Begrenzung unterwirft, um uns zu befreien – ist nur die erste der zuweilen verstörenden Überraschungen, die die Geschichte des menschgewordenen und den Menschen suchenden Gottes für uns bereithält. Das Drama dieser Überraschungen wird sich von Weihnachten bis zum Karfreitag hin zuspitzen, als das Kind von Bethlehem zum Zeichen des Widerspruchs in einer Welt wird, die ihn ablehnt, mißbraucht und letztlich tötet. Doch mit seinem Tod ist das Geheimnis noch nicht zu Ende. Nach seinem vollkommenen Selbstopfer wird der Sohn vom Vater rehabilitiert: Jesus wird als Christus, als auferstandener Herr, von den Toten auferweckt und sendet seinen Heiligen Geist, damit wir so frei sein können wie er.

Der Gott, der sich auf die Suche nach uns macht, ist nicht einfach nur irgendeine Religion. Er ist nicht einfach nur eine spirituelle Episode. Er ist – so sieht es die katholische Kirche – nichts weniger als die Wahrheit der Welt.

3. Liberale Kirche? Konservative Kirche?

Warum der Katholizismus keine „Konfession" ist und was das bedeutet

Am 25. Januar 1959 schockierte Papst Johannes XXIII. die katholische Welt mit seiner Ankündigung, er beabsichtige, das einundzwanzigste Ökumenische Konzil in der Kirchengeschichte einzuberufen. Die vorangegangenen zwanzig Konzilien hatten Dogmen definiert, Irrlehren verurteilt, Rechtskodizes verfaßt und Kaiser abgesetzt. Sie hatten erfolglos versucht, die Spaltungen zwischen dem christlichen Osten und dem christlichen Westen zu heilen; sie hatten Richtlinien für die Liturgie und die Bußpraxis erlassen. In Italien, Frankreich, Deutschland und Kleinasien hatten sich die Bischöfe der Welt zu solchen Ökumenischen Konzilien versammelt; sie hatten einige Monate und in einem Fall achtzehn Jahre gedauert. Was immer sie geleistet, wo immer sie getagt und wie lange sie auch gedauert haben – praktisch alle Ökumenischen Konzilien waren von Meinungsverschiedenheiten verursacht, geprägt und gefolgt.

Dem 78jährigen Johannes XXIII. aber schwebte etwas anderes vor. Dieser Papst stellte sich das Konzil als ein „neues Pfingsten" vor. Wie der Heilige Geist die Apostel am ersten Pfingsten ermächtigt hatte, die Wahrheit Jesu Christi in Jerusalem und dem ganzen Römischen Reich zu verkünden, so sollte auch das Zweite Vatikanische Konzil – das zumindest war die Vision von Papst Johannes – eine große, geistgeleitete Erfahrung sein, die die katholische Kirche wieder zu einer dynamischen und frohbotschaftlichen Bewegung in der Geschichte machen sollte. Dieses neuartige Konzil sollte keine dogmatischen Definitionen formulieren und auch keine Irrlehren verurteilen. Es sollte vielmehr ein Gespräch sein, bei dem die Bischöfe der Welt mit offenem Ende darüber diskutierten, wie der Katholizismus als lebendiger und mitreißender Lebensstil erneuert werden konnte. Johannes XXIII. war offenbar der Auffassung, daß man in den vergangenen Jahrhunderten den Schwerpunkt zu sehr auf die Kirche als Institution gelegt hatte. Es war an der Zeit, die Kirche als eine *frohbotschaftliche Bewegung* neu zu denken. Strukturen hatten zwar ihre Berechtigung, doch diese Berechtigung bestand allein darin, die Kirche-als-Bewegung in ihrer Verkündigung der erstaunlichen Botschaft von Gottes leidenschaftlicher Liebesaffäre mit der von ihm geschaffenen Welt zu unterstützen.

Und einiges von dem, was Johannes XXIII. sich erhofft hatte, geschah tatsächlich.

In den Jahrzehnten nach dem II. Vaticanum wurde der Katholizismus in Afrika, Asien und Teilen Lateinamerikas als pulsierendes Evangelisierungsprojekt wiedergeboren. Erneuerungsbewegungen in diesen Teilen der Welt sowie in Europa und Nordamerika schufen neue christliche Formen der Gemeinschaft, des Zeugnisses und des Dienstes. Doch es geschah auch einiges, das so nicht vorherzusehen gewesen war. Vormals vitale katholische Gemeinschaften – in den Niederlanden, in Belgien, Deutschland, Frankreich, Spanien, Portugal, Irland, Québec und in der Schweiz – implodierten und zerfielen. Westeuropa ist heute in religiöser Hinsicht das unfruchtbarste Gebiet der Welt. Das einst glühend katholische Québec ist die am stärksten säkularisierte Region zwischen dem Nordpol und Feuerland.

Ob dieser dramatische Niedergang in den traditionellen katholischen Lebenszentren wegen oder trotz des II. Vaticanums erfolgte oder gar nichts mit dem Konzil zu tun hatte, ist eine Frage, die noch in Jahrzehnten oder vielleicht sogar Jahrhunderten nicht beantwortet sein wird. Wenn man sich einer Antwort annähert, wird sie wahrscheinlich Elemente von jedem der drei Erklärungsmodelle enthalten. Was man heute mit Bestimmtheit sagen kann, ist, daß seit dem Zeitpunkt, da Johannes XXIII. den Katholizismus zu einem reicheren, frohbotschaftlicheren Verständnis seiner selbst und seiner Ziele aufgerufen hat, die katholische Kirche als Institution für viele Katholiken in Nordamerika und Westeuropa geradezu zu einer Obsession geworden ist.

Diese Besessenheit von den institutionellen Aspekten der Kirche erklärt zumindest teilweise, weshalb die katholische Debatte heute überwiegend in Kategorien gefaßt wird, die ursprünglich aus der Politik stammen: als eine Debatte zwischen „Liberalen“ und „Konservativen“. Kurz nach dem Konzil wurde praktisch alles auf dieses Begriffspaar zurückgeführt. Es gab liberale und konservative Bischöfe, Priester, Nonnen, Gemeinden, Orden, Seminare, Theologen, Zeitungen, Zeitschriften und Organisationen. Und es gab zu jeder nur vorstellbaren Frage, ob es nun um den Aufbau der Liturgie oder um dogmatische und moraltheologische Finessen geht, liberale und konservative Ansichten.

Natürlich war all das nicht aus der Luft gegriffen. Einige Katholiken konnten die Liturgiereform kaum erwarten; andere waren erschüttert, entsetzt oder zutiefst verletzt von „den Veränderungen“. Einige Katholiken fühlten sich im Dialog mit der modernen Kultur ausgesprochen wohl; andere glaubten, es sei ein schwerer Fehler, die Fenster der Kirche für die moderne Welt zu öffnen; und wieder andere begrüßten den neuen Austausch, vertraten aber die Ansicht, die Kirche solle so auftreten, daß auch die moderne Welt sich dazu herausgefordert fühle, ihre Fenster zu öffnen. Die Einteilung in Liberale und Konservative war bis zu einem gewissen Grad nützlich, wenn es darum ging, einige der Akteure und einige der Fragen einzuordnen, die während des II. Vaticanums und unmittelbar danach im Blickpunkt standen.

Letztlich aber waren die Kategorien „liberal“ und „konservativ“ als Allzweckraster für das Nachdenken über eine alte und vielschichtige religiöse Institution unglaubwürdig und irreführend. Ein Beispiel aus einer anderen Weltreligion veranschaulicht, weshalb. Niemand fragt, ob der Dalai Lama ein liberaler oder ein konservativer Buddhist ist. Warum? Weil wir intuitiv erkennen, daß diese Kategorien uns nicht helfen, das Wesen und den Zweck einer ehrwürdigen, hochentwickelten und überaus komplexen religiösen Tradition zu erfassen. Sollten wir, wenn wir über die katholische Kirche nachdenken, nicht dieselbe Disziplin walten lassen?

In den Vereinigten Staaten hat die Einteilung in „Liberale“ und „Konservative“ sogar dazu geführt, daß der Katholizismus verstärkt als eine unter vielen „Konfessionen“ betrachtet wird. Die amerikanische Religion, so hört man oft, ist eine vorwiegend konfessionelle Religion. Doch das, was viele amerikanische Christen unter „Konfession“ verstehen, ist nicht dasselbe, was der Katholizismus unter „Konfession“ versteht.

An einer Konfession ist nur weniges sicher oder gegeben; eine Konfession wird von ihren Mitgliedern ständig neu geschaffen. Das Christentum als Konfession hat keine eigene, feste, von Christus etablierte *Form;* es paßt seine Form, das heißt seine institutionellen Strukturen, den Mustern der Epoche an. (Wenn, um es an einem alltäglichen Beispiel zu veranschaulichen, die grundlegende institutionelle Form der breiten Gesellschaft die Bürokratie ist, dann wird auch die Kirche vor allem als Bürokratie wahrgenommen.) In großen Teilen des konfessionellen Christentums im heutigen Amerika ist der institutionelle Prozeß wichtiger als verbindliche doktrinelle Bezugsgrößen; alles kann sich ändern. Die Grenzen der konfessionellen Gemeinschaft sind nicht eindeutig gesteckt und sogar durchlässig, denn für den Erhalt der Gruppe ist es wesentlich, keine Wertungen abzugeben. Religiöse Führung wird mit bürokratischem Managertum gleichgesetzt; Bischöfe und andere offiziell eingesetzte religiöse Würdenträger sind keine maßgeblichen Lehrer, sondern Diskussionsleiter, deren Aufgabe darin besteht, keine Meinung auszugrenzen.

Eine Konfession ist etwas, das wir miterschaffen, indem wir ihm beitreten; dem Zweiten Vatikanischen Konzil zufolge ist die Kirche jedoch eine göttlich eingesetzte Gemeinschaft, der wir durch die Initiationssakramente (Taufe, Firmung und Eucharistie) eingegliedert werden. Konfessionen haben Mitglieder wie Freiwilligenverbände oder Clubs; die Kirche hat Mitglieder, wie ein menschlicher Körper Arme und Beine, Finger und Zehen hat. Eine Konfession hat in doktrineller und moralischer Hinsicht bewegliche Grenzen; die Kirche nährt sich dem II. Vaticanum zufolge von Glaubensinhalten und moralischen Überzeugungen, aus denen sich klar gesteckte Grenzen ergeben. Die Strukturen einer Konfession sind etwas, das wir nach Belieben ändern können; die Kirche hat gemäß dem Zweiten Vatikanischen Konzil eine Form oder Struktur, die ihr von Christus gegeben worden ist. Der Katholizismus hat Bischöfe und ein amtliches Priestertum, und der Nachfolger Petri, der Bischof von Rom, steht der gesamten Kirche in Liebe vor – und zwar nicht deshalb, weil die heutigen Katholiken denken, daß dies die beste Methode ist, sondern weil Christus es für seine Kirche so gewollt hat.

Nichts von der spezifisch katholischen Sichtweise der Kirche ergibt wirklich Sinn, wenn man es in die Begriffe „liberal" und „konservativ" preßt. Hier bedarf es besserer Kategorien, die in einem reicheren, nicht auf die Institution beschränkten Verständnis von Kirche wurzeln.

Die Kirche als „Gemeinschaft"

Was verstehen wir unter „Kirche"? Die Bischöfe des Zweiten Vatikanischen Konzils haben nach gründlicher Sichtung der jüdischen Bibel und des Neuen Testaments eine Vielzahl biblischer Metaphern vorgelegt, um das Wesen der Kirche und ihrer Sendung zu veranschaulichen. In seiner *Dogmatischen Konstitution über die Kirche* bedient sich das Konzil einer ländlichen Bildlichkeit, um die Kirche Christi zu beschreiben: „So ist die Kirche der Schafstall, dessen einzige und notwendige Tür Christus ist (Joh 10,1–10). Sie ist auch die Herde, als deren künftigen Hirten Gott selbst sich vorherverkündigt hat (vgl. Jes 40,11; Ez 34,11 ff.). Wenngleich ihre Schafe von menschlichen Hirten geleitet werden, so werden sie dennoch immerfort von Christus, dem guten Hirten und dem Ersten der Hirten, geführt und genährt (vgl. Joh 10,11; 1 Petr 5,4), der sein Leben hingegeben hat für die Schafe (vgl. Joh 10,11–15)."

Das II. Vaticanum hat der biblischen Bilderwelt auch architektonische Metaphern entnommen, um die Kirche zu beschreiben. So ist die Kirche „Gottes Bauwerk" (1 Kor 3,9), und der Eckstein dieses Bauwerks ist Christus. Von den Aposteln auf dem einen „Fundament", nämlich Jesus Christus (1 Kor 3,11), erbaut, ist die Kirche „Wohnstatt Gottes im Geiste (Eph 2,19–22), Zelt Gottes unter den Menschen (Offb 21,3), vor allem aber heiliger Tempel [...] In diesen Bau werden wir schon auf Erden als lebendige Steine eingefügt (1 Petr 2,5)." Des weiteren wird die Kirche als die „heilige Stadt" bezeichnet, und die heilige Stadt wird verschiedentlich als „das Jerusalem droben" (Gal 4,26) und „die makellose Braut des makellosen Lammes" (Offb 19,7) beschrieben; diese Braut hat Christus „geliebt und sich für sie hingegeben, um sie zu heiligen" (Eph 5,26).[1]

Das Konzil hat diesen Reichtum der biblischen Metaphorik übernommen, weil es den Katholiken helfen wollte, von sich selbst nicht nur in institutionellen Begriffen zu denken. Das Bilderfeuerwerk in der *Dogmatischen Konstitution über die Kirche* soll uns helfen, die Kirche in all ihren Funktionen – einschließlich ihrer unvermeidlichen institutionellen Funktionen – als eine dynamische frohbotschaftliche Bewegung in der Geschichte zu denken. Dies, so hat auch Johannes Paul II. betont, ist der Daseinszweck der Kirche. Die Kirche existiert nicht um ihrer selbst willen. Die Kirche existiert, um der Welt zu verkünden, daß Gott „in der Fülle der Zeit seinen Sohn gesandt hat, der von einer Frau geboren wurde, um die Welt zu retten." Das bedeutet, daß „die Heilsgeschichte in die Weltgeschichte eingegangen" und die Zeit in die Ewigkeit hineingenommen worden ist. Richtig verstanden sind Heilsgeschichte – die Geschichte der Kirche und die Geschichte Israels, die die Geschichte der Kirche erst möglich gemacht hat – und Weltgeschichte ein und dasselbe.

Die vorrangige Sendung der Kirche ist ganz sicher nicht die Instandhaltung der Institution. Die vorrangige Sendung der Kirche besteht darin, der Welt mit Hilfe dessen, was der Papst als „Heilsdialog"[2] bezeichnet, die Wahrheit über sich selbst zu verkünden. Die Kirche ist dazu da, der Welt zu sagen: „Du bist viel, viel größer, als du glaubst."

Wenn das der Daseinszweck der Kirche ist, dann sollte dieser Daseinszweck auch etwas darüber aussagen, was die Kirche ist. Die Kirche ist, wie das II. Vaticanum es formuliert, „das im Mysterium schon gegenwärtige Reich Christi", und deshalb kann die Kirche sich selbst nicht als religiöse Organisation in einem Supermarkt der religiösen Optionen verstehen.[3] Die Kirche, so schreibt Johannes Paul II., „ist für die Menschheitsfamilie von einzigartiger Bedeutung", denn die Kirche ist der Ort, wo die Menschheitsfamilie die Wahrheit über ihre Ursprünge, ihre Würde und ihre Bestimmung erfährt.

Die Kirche gibt uns also einen Vorgeschmack auf unsere Bestimmung: das ewige Leben im Licht und in der Liebe der Heiligen Dreifaltigkeit.[4] Und genau deshalb sind der Papst und angesehene Theologen der Auffassung, daß man die Kirche am besten als *Communio* beschreibt – als Gemeinschaft der Gläubigen mit dem lebendigen Gott, miteinander und mit den Heiligen, die uns vorausgegangen sind. Die Kirche hat eine bestimmte Struktur, und deshalb tut sie bestimmte Dinge. Deshalb können wir von der Kirche als Institution, Botin, Dienerin und so weiter sprechen. Doch in allererster Linie ist die Kirche eine *Gemeinschaft.* Diejenigen, die an dieser Gemeinschaft teilhaben – Ehemänner und Ehefrauen, Eltern und Kinder, Freunde und Kollegen, Arbeitnehmer und Arbeitgeber – haben innerhalb dieser Gemeinschaft eine Beziehung zueinander, der keine andere Beziehung in ihrem Leben gleichkommt. In all diesen anderen Beziehungen sind wir auf je unterschiedliche Weise ein

„Teil“ voneinander. Doch in der Gemeinschaft der Kirche sind wir insofern „Teil“ voneinander, als wir Teile des Leibes Christi sind.

Die Gemeinschaft der Kirche überspannt und übersteigt die Zeit. Aus katholischer Sicht umfaßt die Wirklichkeit der Kirche weitaus mehr als die, die wir in der Welt um uns herum sehen können. Sie umfaßt, wie Johannes Paul II. es formuliert, auch die, „die Gott nun sehen, wie er ist, und die, die gestorben sind und nun geläutert werden“. Mit anderen Worten: die besondere Qualität der Gemeinschaft der Kirche besteht darin, daß sie eine „Gemeinschaft der Heiligen“ ist – derer, die schon heilig sind (und „Gott sehen, wie er ist“), und derer, die erst noch heilig werden müssen, um ihr christliches und menschliches Schicksal zu erfüllen (das sind wir übrigen).[6]

Die Vorstellung von der Kirche als einer Gemeinschaft der Heiligen führt dazu, daß wir auch unseren *Berufungsbegriff* überdenken müssen.

Berufen und gesandt

Fragen Sie einen Katholiken, was er unter Berufung versteht, und Sie werden in der überwiegenden Mehrheit der Fälle die Antwort erhalten: „Priester zu werden“ oder „Nonne zu werden“. Dies sind in der Tat Berufungen innerhalb der Gemeinschaft der Kirche. Doch dem II. Vaticanum und Johannes Paul II. zufolge ist es falsch, den Berufungsbegriff auf die Angehörigen des geistlichen Standes zu beschränken.

Wenn die Kirche die zeitliche Fortsetzung der Sendung Christi und des Heiligen Geistes ist, dann besteht die wichtigste Aufgabe der Kirche in der Evangelisierung – das heißt in der Verkündigung der guten Nachricht, daß Gott die Welt liebt, seinen Sohn für die Erlösung der Welt hingegeben hat und alle Menschen zu einem Leben in ewiger Glückseligkeit einladen will. Das ist eine so erstaunlich gute Nachricht, daß man sie einfach mit anderen teilen muß. Die Kirche ist ihrem

Wesen nach missionarisch, und jeder getaufte Christ hat die verantwortungsvolle Aufgabe – oder Berufung –, Evangelist zu sein, das heißt, diese gute Nachricht, dieses *Evangelium* weiterzuerzählen. Das Konzil hat dies so ausgedrückt, daß alle Getauften an der prophetischen Berufung Christi Anteil haben: Jeder Christi teilt die prophetische Sendung Christi, indem er die Wahrheit sagt und der Welt die Wahrheit über ihre eigene Geschichte erzählt.

Die Evangelisierung der Kirche muß ihre Kraft aus dem Gebet und insbesondere aus dem gemeinschaftlichen Gebet gewinnen. Es besteht eine enge Verbindung zwischen der christlichen Berufung zur Evangelisierung und der christlichen Berufung zur Anbetung. Indem sie den Vater durch den Sohn in der Kraft des Heiligen Geistes anbetet, vertieft die Kirche ihr Verständnis der Wahrheit über sich selbst und wird für ihre Sendung in der Welt ausgerüstet. Das II. Vaticanum lehrt auch, daß alle Getauften an Christi priesterlicher Berufung Anteil haben: Jeder Christ teilt den priesterlichen Sendungsauftrag, Gott in der Wahrheit anzubeten, dem Vater zu geben, was ihm gebührt, und dafür in und mit dem Sohn Gottes das Geschenk der heiligen *Communio,* der heiligen Gemeinschaft zu empfangen.

Die Evangelisierung der Kirche muß als Dienst gelebt werden. Zuweilen läßt sich die Botschaft des Evangeliums besser durch Taten als durch Worte verkünden. Zu predigen, daß Gott die Welt liebt und uns in die Gemeinschaft mit ihm ruft, ist das eine, und das ist nicht wenig. Doch bisweilen ist es wirkungsvoller, diese Botschaft mit Taten zu verkünden: durch ein Leben des Dienstes an den Mitmenschen in der Nachfolge Christi und im Gehorsam gegenüber Christus. Alle Getauften haben Anteil an Christi königlicher Berufung: Jeder Christ ist zu einem königlichen Leben berufen, das im wesentlichen ein Leben des Dienens und der Selbsthingabe ist.[7]

Getauft zu sein, so lehrt die Kirche, heißt, „in Christus getauft" zu sein, „Christus anzuziehen". Das bedeutet, daß jeder Christ eine Taufberufung zur Heiligkeit hat. Heiligkeit beschränkt sich aus katholischer Sicht nicht auf die Ehre der

Altäre. Heiligkeit ist für jeden da, denn wir alle sollen Heilige werden (unabhängig davon, ob man uns nach unserem Tod als solche anerkennt oder nicht), um das ewige Leben bei Gott zu genießen. Jeder von uns, so lehrt der Katholizismus, hat eine Berufung zu einem einzigartigen Weg des Wachstums in der Heiligkeit. Unsere Berufung ist der Weg, auf dem jeder von uns sein jeweils spezifisch christliches Zeugnis lebt, um schließlich zu jener Art von Menschen zu werden, die auf ewig bei Gott sein dürfen.[8]

Geformt nach dem Bild Mariens

Ein weiteres vorrangiges und charakteristisches Kennzeichen all derer, die zur Gemeinschaft der Kirche gehören, besteht darin, daß sie alle Jünger sind. Dies bedeutet aus katholischer Sicht, daß jeder in der Kirche nach dem Bild einer Frau geformt ist: Maria, der Mutter Jesu, der ersten Jüngerin und damit der „Mutter der Kirche".

Alljährlich trifft sich der Papst mit den leitenden Mitgliedern der Römischen Kurie, der zentralen kirchlichen Verwaltungsbehörde, um Weihnachtsgrüße auszutauschen. Das ist ein sehr formeller Anlaß und hat mit den typischen Weihnachtsfeiern im Büro nur wenig zu tun. Die Päpste nutzen diese Gelegenheit traditionell, um das vergangene Jahr Revue passieren zu lassen und die Marschroute für das kommende Jahr vorzugeben. Am 22. Dezember 1987 nahm Papst Johannes Paul II. diesen Anlaß wahr, um so etwas wie eine theologische Bombe platzen zu lassen.

Schon seit einigen Jahren hatten katholische Theologen über verschiedene „Profile" oder „Bilder" der Kirche spekuliert, die an herausragende Persönlichkeiten des Neuen Testaments angelehnt sein sollten. So ist die missionarische Kirche, die Kirche der Verkündigung, nach dem Bild des großen Völkerapostels Paulus gestaltet. Vorbild der kontemplativen Kirche ist der Apostel Johannes, der beim Letzten Abendmahl an der Brust Christi ruhte. Die amtliche und rechtsprechende Kirche ist dem Bild des heiligen Petrus nachempfunden, jenes Apostels, dem Christus die Schlüssel des Himmelreichs gegeben hat. Jedes dieser Bilder der Kirche hat für alle Zeiten Gültigkeit. Doch in einer Kirche, die sich seit Jahrhunderten daran gewöhnt hatte, sich selbst vor allem als Institution zu sehen, schien es seit langem auf der Hand zu liegen, daß Petrus mit seinem Amt und seiner Autorität das maßgebliche Vorbild war.

Mitnichten, erklärte Johannes Paul II. einer vermutlich ziemlich verblüfften Gruppe ranghoher Kirchenmänner. Maria war die erste Jüngerin, denn Marias „Ja" zur Botschaft des Engels hatte die Menschwerdung des Gottessohnes erst ermöglicht. Die Kirche ist die zeitliche Verlängerung Christi und seiner Sendung; in dem durch Papst Pius XII. berühmt gewordenen Bild ist die Kirche der „Mystische Leib Christi". Marias Aufnahme in den Himmel war eine Vorwegnahme all dessen, was diejenigen erwartet, die Christus retten wird. Aus all diesen Gründen, so gab Johannes Paul zu bedenken, liefert Maria ein maßgebliches Profil dessen, was die Kirche ist, wie die Männer und Frauen der Kirche leben sollen und wie das ewige Schicksal der Jünger Jesu aussehen wird.

Dieses Verständnis von Maria und der Kirche erschüttert die institutionelle Sicht, die viele kirchliche Würdenträger (und ein Großteil der katholischen Laien) von sich selbst und von ihrer Gemeinschaft haben. Das „marianische Profil", so Johannes Paul, ist im Katholizismus sogar noch „grundlegender" als das „petrinische Profil". Dennoch gehören beide untrennbar zusammen, denn die „marianische", das heißt die nach dem Bild einer Frau und ihrer Jüngerschaft geformte Kirche, ist Vorgängerin, Voraussetzung und Sinnstifterin für die „petrinische", also die nach dem Bild des heiligen Petrus geformte Amts- und Autoritätskirche. Diese petrinische Kirche, fuhr der Papst fort, zielt auf nichts anderes ab „als darauf, die Kirche nach jenem Ideal der Heiligkeit zu formen, das in Maria bereits vorgeformt und vorgestaltet ist." Zwischen diesen beiden Profilen besteht laut Johannes Paul kein Spannungs-, sondern ein Ergänzungsverhältnis, und er betonte auch, daß die „marianische Dimension [...] den Vortritt" hat und eine reichere Bedeutung für die Berufung eines jeden Christen in sich trägt.[9]

Diese Botschaft war eine Sensation. Die Jüngerschaft hat in der Kirche den Vorrang vor der Autorität, weil die Autorität dazu da ist, der Heiligkeit zu dienen. In einer Kirche der Jünger nach dem Vorbild der ersten Jüngerin Maria ist die allgemeine Berufung zur Heiligkeit das eigentlich Grundlegende. Alles andere in der Kirche – einschließlich der Arbeit derer, die in ihr Autorität besitzen – existiert nur, um die Jünger bei ihrer Antwort auf diese Berufung zu unterstützen.

Das ist keine liberale Sicht der Kirche und ihres Sendungsauftrags. Und es ist auch keine konservative Sicht der katholischen Wirklichkeit. Es ist eine Sicht, die weit über diese beiden Kategorien hinausgeht.

Eine Archäologiestunde

Die marianische Kirche ist die grundlegende Wirklichkeit der Kirche als einer Gemeinschaft von Jüngern. Und doch ist das Petrusamt ein wesentlicher Bestandteil der katholischen Kirche. Zum Kern seiner Bedeutung vorzudringen erfordert andere analytische Hilfsmittel als die üblichen politischen Kategorien. Die Debatte über das Papsttum, die in den letzten Jahrzehnten anhand der Kategorien von „liberal" und „konservativ" geführt worden ist, hat kaum wirklich Erhellendes zum frohbotschaftlichen Wesen der petrinischen Sendung beigetragen, die sich in den Päpsten fortsetzt. Vielleicht aber hilft uns die Archäologie.

Tief unter dem Petersdom im Vatikan liegen die *Scavi,* eine Reihe von archäologischen Grabungen, die unter Papst Pius XII. während des Zweiten Weltkriegs begonnen wurden, um das Grab des Apostelfürsten zu suchen, das sich nach einer uralten Überlieferung hier befinden sollte. Archäologische Grabungen sind keine algebraischen Gleichungen: Sie erbringen keine unwiderlegbaren Antworten. Doch die besten Wissenschaftler stimmen darin überein, daß wir mit einem vernünftigen Grad an Gewißheit annehmen können, daß das Grab des Apostels entdeckt worden ist – und zwar fast direkt unter Berninis bronzenem Baldachin, dessen gewundene Säulen den päpstlichen Hochaltar unter der gewaltigen Kuppel umgeben. In dieser Kuppel verkünden riesige Lettern: *Tu es Petrus et super hanc petram aedificabo ecclesiam meam et tibi dabo claves regni caelorum* („Du bist Petrus, und auf diesen Felsen werde ich meine Kirche bauen, und ich werde dir die Schlüssel des Himmelreichs geben"; vgl. Mt 16,18–19).

Im Zuge ihrer Forschungen unter Sankt Peter fanden die Archäologen ein riesiges Gräberfeld: einen christlichen Friedhof aus den Jahrzehnten unmittelbar nach den Lebzeiten Christi – den Jahrzehnten der Erstevangelisierung des Mittelmeerraums und seiner kaiserlichen Hauptstadt Rom. Fromme Christen, die friedlich in ihren Betten starben, und solche, die während der römischen Verfolgungen unter entsetzlichen Marterqualen starben, wollten neben Petrus beerdigt werden. Und so entstand auf dem Vatikanhügel, einen halbstündigen Spaziergang vom Kolosseum und vom Forum Romanum entfernt, eine kleine Totenstadt.

Um zu den *Scavi* zu gelangen, überquert man den Petersplatz mit seinem markanten Obelisk, einem granitenen Monolith, den der wahnsinnige Kaiser Caligula im Jahr 37 n. Chr. nach Rom gebracht hat. Sein Neffe Nero machte den Obelisk zu einem zentralen Bestandteil seines Zirkus. Es ist nicht unwahrscheinlich, daß Petrus in diesem Zirkus das Martyrium erlitt und daß dieser Obelisk das letzte war, was er auf Erden sah.

In den *Scavi* ist der Tourist oder Pilger den apostolischen Ursprüngen der Kirche so nahe, wie es nur geht. Diese Erfahrung formuliert die Frage nach Petrus und der Bedeutung, die er für uns hat, auf besonders prägnante Weise.

Die große Herausforderung, vor die sich der christliche Glaube gestellt sieht, ist die Menschwerdung des Gottessohns und sein Tod am Kreuz: „für Juden ein empörendes Ärgernis, für Heiden eine Torheit", wie der heilige Paulus es formuliert (1 Kor 1,23). Wie um diese Herausforderung noch zu verschärfen, hat Christus die Weiterführung seines Dienstes und seiner Sendung in die Hände schwacher, sterblicher Menschen gelegt und die Schwächsten und Unbesonnensten aus dem ganzen Haufen zu ihren Anführern gemacht (vgl. Mt 16,18–19); und dann hat er Petrus gesagt, daß seine Rolle als Anführer im wesentlichen darin bestehe, seinen Brüdern zu dienen, und daß ihn dies zum gegebenen Zeitpunkt sein Leben kosten würde (Lk 22,32; Joh 21,18–19).

Die *Scavi* konfrontieren uns direkt mit dieser kühnen Behauptung: daß zu einem bestimmten Zeitpunkt und an einem bestimmten Ort ein wirklicher Mensch namens Simon, der Sohn eines Mannes namens Johannes, ein Fischer aus dem galiläischen Kafarnaum ein persönlicher Freund Jesu von Nazareth geworden ist. In dieser Freundschaft begegnete Simon dem Sohn Gottes und wurde verwandelt – nicht in einen Superhelden, sondern in Petrus, einen Apostel, einen Mann, den der Heilige Geist für eine Mission ausgerüstet hatte, die darin bestand, „bis an das Ende der Erde" Zeugnis abzulegen (Apg 13,47). Durch die *Scavi* zu gehen heißt, mit der unvermeidlichen und fast schockierenden Besonderheit des katholischen Glaubens konfrontiert zu werden: Das hier waren echte Menschen. Sie trafen echte Entscheidungen. Sie fühlten echte Angst, echte Leidenschaft, echte Liebe, und sie hatten echte Feinde. Das alles hier ist wirklich passiert.

Die Kirche ist nicht auf einen frommen Mythos gegründet. Die Kirche ist auf dem Fundament der Apostel gebaut: Sie waren die ersten Zeugen der Auferstehung und die ersten, die der Welt die gute Nachricht von Gottes entscheidendem, erlösendem Eingreifen in die Menschheitsgeschichte verkündeten.

Simon, der Fischer aus Galiläa, dessen Leben und Tod in den *Scavi* zum Greifen nahe sind, war wie jeder andere Christ ein schwacher Mensch. Petrus, der das Schlüsselamt innehatte, war ein Mann, den die Kraft des Heiligen Geistes wiedergeboren und neugeschaffen hatte. Seine Verwandlung schenkte ihm keinen irdischen Ruhm. Der auferstandene Christus hatte ihn gewarnt: „Wenn du aber alt geworden bist, wirst du deine Hände ausstrecken, und ein anderer wird dich gürten und dich führen, wohin du nicht willst" (Joh 21,18). Dieser Weg führte ihn an sein eigenes Kreuz und, weltlich gesprochen, auf jenen Friedhof, den die Besucher heute als die *Scavi* kennen.

Petrus wurde dadurch zum „Fels", daß er sich ganz von sich selbst freimachte und sich dem Heiligen Geist als Werkzeug zur Verfügung stellte. Seit nunmehr zweitausend Jahren haben die Pforten der Hölle die seiner Führung anvertraute Kirche nicht überwunden. Das ist in der Tat ein außergewöhnliches Projekt. Dort unten in den *Scavi* wird man mit der unleugbaren Realität der Kirche konfrontiert. Und das verlangt eine Entscheidung.

Befreiende Lehre

Das Petrusamt ist in erster Linie ein Dienst am Evangelium: Der Papst ist vor allem Hirte und Verkünder der frohen Botschaft und erst danach eine kirchliche „Führungskraft". Ein Teil dieses päpstlichen Diensts am Evangelium besteht darin, die kirchliche Lehre unversehrt zu bewahren. Dies wird oft als disziplinarische Funktion verstanden: der Papst, der widerspenstige Theologen maßregelt und sie wieder auf Kurs bringt. Wenn wir uns aber die Kirche als eine Gemeinschaft von Jüngern vorstellen, ist es leichter, das, was auf den ersten Blick ein Widerspruch zu sein scheint, als Paradox zu begreifen. Die Lehre – jene festgelegten Wahrheiten, die die Umrißlinien des Katholizismus darstellen – ist in Wirklichkeit befreiend.

Eine Lehre kann starr und schwerfällig wirken und scheint die Kreativität zu hemmen. Diese Vorstellung von einer Lehre geht jedoch am eigentlichen Kern der Beziehung zwischen Tradition und Innovation, zwischen Statik und Dynamik im Leben der Kirche vorbei. Das, was an der christlichen Lehre bisweilen statisch wirkt, spiegelt tatsächlich die innere Dynamik der Kirche wider und bringt neue Elemente des christlichen Lebens zur Entfaltung. Was wie tote Tradition erscheint, ist in Wirklichkeit der Motor von Entwicklung und Innovation.

Lassen Sie mich drei Beispiele anführen.

Das erste ist die Heilige Schrift. Der Kanon der Schrift ist festgelegt; weder dem Alten noch dem Neuen Testament werden weitere Bücher hinzugefügt. Doch die Tatsache, daß die Kirche dem Kanon der Schrift keine neuen Bücher hinzufügt, bedeutet nicht, daß die Schrift aus toten Buchstaben besteht. Der Kanon garantiert, daß jede Generation von Gläubigen das, was wirklich das Wort Gottes ist, in seiner ganzen Frische und Unversehrtheit rezipieren und durch die Meditation der Bibel ihren Glauben vertiefen kann.

Dann ist da das Sakramentensystem der Kirche. Die Sakramente – zum Beispiel die Taufe und die Eucharistie – sind nicht einfach traditionelle Rituale, die man beibehält, weil die Generationen vor uns das auch so gemacht haben. Die Sakramente geben jeder neuen Generation von Christen die Möglichkeit, die großen Mysterien des Glaubens – das Leben, den Tod und die Auferstehung Jesu Christi – neu zu erleben. Tag für Tag erinnern die Sakramente jede Christengeneration daran, daß sich gerade hinter den gewöhnlichen Dingen unseres Alltags – Wasser, Salz und Öl; Brot und Wein; eheliche Liebe und Treue – die außergewöhnliche Wirklichkeit eines Gottes verbirgt, der die von ihm geschaffene Welt so sehr geliebt hat, daß er in seinem Sohn in diese Welt gekommen ist, um ihre Geschichte wieder neu auf ihr wahres Ziel auszurichten: das ewige Leben im Licht und in der Liebe der Dreifaltigkeit.

Und schließlich ist da die Sache mit der Autorität. Die kirchlichen Strukturen der pastoralen Autorität sind nicht dazu da, die menschliche Kreativität zu beschneiden. Die Autorität in der Kirche soll dafür sorgen, daß die Christen sich nicht mit dem Mittelmaß zufriedengeben. Die Autorität in der Kirche soll allen Katholiken bewußtmachen, daß sie nur einer einzigen, obersten „Glaubensregel“ verpflichtet sind: dem lebendigen Christus. Das ist zum Beispiel auch der große Dienst, den die pastorale Autorität der Theologie erweist: Sie bewahrt die Theologie davor, sich allzusehr in ihrer eigenen Klugheit zu gefallen, und ruft sie zur Wahrheitsliebe.[10]

Eine der großen Aufgaben der Kirche im einundzwanzigsten Jahrhundert wird darin bestehen, den Traditionsbegriff zu retten und zu erneuern. In dem spezifisch katholischen Verständnis dieses Begriffs beginnt die „Tradition“ (aus dem lateinischen *traditio,* was soviel heißt wie „Weitergabe“) bereits im Leben des dreieinigen Gottes.[11] Dieses Überliefern – diese radikale Art des Gebens, die auf geheimnisvolle Weise sowohl den Gebenden als auch den Empfangenden beschenkt – nahm im Leben Christi Fleisch an und setzt sich durch die Gabe des Heiligen Geistes in der Kirche fort. Eine altehrwürdige Formulierung unterscheidet die Tradition, den lebendigen Glauben der Toten, vom Traditionalismus, dem toten Glauben der Lebendigen. Die Lehre Papst Johannes Pauls II. von der marianischen Kirche der Jünger, die die petrinische Kirche der Rechtsprechung und des Amtes erst möglich (und sinnvoll) macht, ist ein gutes Beispiel dafür, daß die Tradition zu innovativem Denken inspirieren kann. Die großen marianischen Lehren sind Eckpfeiler des katholischen Glaubens. Sie ermöglichen ein frisches Denken und gewähren neue Einsichten in die Reichtümer des kirchlichen Erbes und in die Geheimnisse des göttlichen Handelns in der Welt.

Die Lehre ist kein Ballast, der die Katholiken auf ihrer Glaubensreise nur unnötig beschwert. Die Lehre ist das Gefährt, auf dem die Reise überhaupt erst möglich ist.

4. Wo finden wir die „wirkliche Welt"?

Liturgie und das außergewöhnliche Gewöhnliche

Zwei der heftigsten Debatten in der katholischen Kirche von heute betreffen den Gottesdienst oder, um einen Fachbegriff zu verwenden, von dem noch häufiger die Rede sein wird, die Liturgie der Kirche. Die erste dieser fortdauernden Kontroversen betrifft die Veränderungen in der Meßfeier, die nach dem Zweiten Vatikanischen Konzil eingeführt worden sind. Die zweite befaßt sich mit der neueren Frage, ob die Kirche Frauen zu Priestern weihen darf. Niemand, der sich je an diesen Debatten beteiligt hat, würde sie als gelassen oder ruhig bezeichnen. Gerade das aber verrät uns etwas Wichtiges über den Katholizismus und die katholische Weltsicht.

Die Emotionalität, mit der über diese Fragen diskutiert wird, ist ein beeindruckendes Zeugnis einer Wahrheit, die der Katholizismus schon immer geahnt hat: Die Kirche ist dann im vollsten Wortsinn Kirche, wenn sie sich um den Altar versammelt. Wie der *Katechismus der Katholischen Kirche* es formuliert: „Durch die Liturgie setzt Christus, unser Erlöser und Hoherpriester, in seiner Kirche, mit ihr und durch sie das Werk unserer Erlösung fort."[1] In den Debatten über die Liturgiereform und das Wesen des Priestertums steht nichts weniger auf dem Spiel als das Wesen der Kirche selbst. Evangelisierung und Nächstenliebe sind der Zweck der Kirche; das Wesen der Kirche aber ist die liturgische Gottesdienstgemeinschaft, denn die Kirche ist der Leib Christi, und der Priester nimmt darin ein Amt sowohl der Verkündigung als auch des Dienens wahr.[2]

Vor diesem Hintergrund wird noch deutlicher, weshalb die vertrauten Kategorien von „liberal“ und „konservativ“ mit ihrer Betonung der Kirche als Institution schlicht und einfach ungeeignet sind, wenn es um zentrale Fragen des katholischen Glaubens und Lebens geht. Die Debatten über die Reform der kirchlichen Liturgie und über die Weihe von Frauen zum Priesteramt werden häufig als Machtkampf zwischen fortschrittlichen und reaktionären Kräften geführt und fast immer als ein solcher dargestellt. Die Befürworter eines raschen liturgischen Wandels oder sogar radikaler liturgischer Experimente und diejenigen, die die Priesterweihe von Frauen für eine pastorale Notwendigkeit halten, werden auf einer Linie mit dem Zweiten Vatikanischen Konzil und der „Öffnung der Kirche zur modernen Welt hin“ gesehen. Diejenigen hingegen, die die Art oder das Tempo des liturgischen Wandels für fragwürdig halten und glauben, daß die Kirche nicht die Autorität besitzt, um eine zweitausendjährige priesterliche Tradition zu ändern, gelten als Verfechter eines rückwärtsgewandten Kampfs gegen das Unvermeidliche oder werden im zweiten Fall der Frauenfeindlichkeit beschuldigt. Der liturgische Wandel und die Frauenordination werden als Machtfragen behandelt.

In beiden Fällen geht es jedoch entschieden nicht um Politik. Diese Themen haben etwas mit den tiefsten Fragen nach dem Wesen der Kirche und nach dem Wesen der Wirklichkeit zu tun. Es sind keine politischen, sondern, um es auf den Punkt zu bringen, *theologische* Fragen. Und wenn sie nicht als solche behandelt werden, führt die Debatte ins Nirgendwo.

Einen Blickwinkel, der uns dies alles deutlicher sehen läßt, liefert uns Evelyn Waugh in *Men at Arms,* dem ersten Teil einer Romantrilogie über den Zweiten Weltkrieg. In einer denkwürdigen Szene nimmt der Protagonist der Trilogie, Guy Crouchback, ein Katholik, an seinem ersten offiziellen Empfang zu Ehren der Offiziersanwärter des *Royal Corps of Halberdiers* teil. Der Champagner fließt in Strömen, und im Anschluß an das Abendessen kommt Guy inmitten der Darbietungen und Spiele mit dem anglikanischen Regimentskaplan ins Gespräch. „Stimmen Sie zu", fragt Guy den Kaplan, „daß die übernatürliche Ordnung nichts ist, was der natürlichen Ordnung nachdrücklich aufgedrückt wurde, wie die Musik oder die Malerei, um das tägliche Dasein erträglicher zu machen? Sie ist das tägliche Leben. Das Übernatürliche ist wirklich; was wir ‚wirklich' nennen, ist nur ein Schatten, ein vorübergehendes Phantasiegebilde. Stimmen Sie dem nicht zu, Padre?" „Bis zu einem gewissen Grade", erwidert der Kaplan mit offensichtlichem Unbehagen.[3]

Ein Theologe wäre mit Guy Crouchbacks Beschreibung der „wirklichen Welt" als eines bloßen „Schattens" vielleicht nicht ganz einverstanden, doch jeder einflußreiche katholische Denker in der Geschichte hätte Guys eigentlicher These zugestimmt: daß nämlich das, was wir das „Übernatürliche" nennen, in Wahrheit das Realste überhaupt ist und daß das Übernatürliche sich uns durch die Materialien der „wirklichen Welt" kundtut. Nach katholischer Vorstellung ist das, was wir als die „wirkliche Welt" bezeichnen, nicht abgeschottet und in sich selbst verschlossen. Die „wirkliche Welt" ist eine Welt mit Fenstern, Türen und Oberlichtern. Und sie wird vom Lichtstrahl dessen getroffen, was wirklich die wirkliche Welt ist – die Welt des Übernatürlichen: Gottes Welt.

Nach katholischer Vorstellung ist das Außergewöhnliche einfach die Kehrseite des Gewöhnlichen. Durch die gewöhnlichen Dinge dieser Welt – die „äußeren Zeichen", wie es in einem alten Katechismus heißt – macht Gott in dem, was Katholiken die „Sakramente" nennen, sich selbst und seine Gnade für uns zugänglich. Wie sogar Guy Crouchback aus einer weinseligen Stimmung heraus zu erkennen vermochte, ist die „katholische Deutung", die katholische Art, die Dinge zu sehen, eine sakramentale Deutung. Innerhalb dieser besonderen Art, die Dinge zu sehen, wird das, was die Welt häufig für gewöhnlich und profan hält, zu einer Erfahrung des Außergewöhnlichen und des Göttlichen.

Diese sakramentale Deutung ist der einzige Kontext, in dem Debatten über die Form der kirchlichen Liturgie und den Charakter des kirchlichen Priestertums überhaupt sinnvoll sind.

„Glast von gerütteltem Flitter“

Der Realismus dieser katholischen Weltsicht – dieser sakramentalen Ahnung des Außergewöhnlichen, das sich im scheinbar Gewöhnlichen offenbart – ist in Gerard Manley Hopkins' Gedicht *Gottes Herrlichkeit* auf denkwürdige Weise eingefangen:

> Geladen ist die Welt mit Gottes Herrlichkeit.
> Ausflammen wird sie, wie Glast von gerütteltem Flitter;
> Sie sammelt sich zu einer Größe, gleich dem Seim gepreßten
> Öls. Was achten Menschen denn jetzt seiner Rute nicht?
> Geschlechter traten, traten schweren Tritts;
> Und alles von Schacher gedörrt; besudelt, beschmiert von Mühsal;
> Trägt Menschenschmutz, teilt Menschendunst: der Grund
> Ist kahl nun, noch kann Fuß fühlen, der beschuht.
> Köstlichste Frische lebt tiefinnerst allen Dingen;
> Und ob auch letzte Helle wich im schwarzen West,
> Oh, Morgen springt, am braunen Saum gen Osten, auf –
> Denn brütend hegt der Heilige Geist die hingebeugte
> Welt mit warmer Brust und mit ah! lichten Schwingen.[4]

Diese katholische sakramentale Sicht der Welt ist kein Pantheismus. Der Pantheismus setzt Gott mit den Dingen der Welt gleich. In der katholischen sakramentalen Deutung bleibt die Welt die Welt, ist aber *nicht nur* die Welt. Denn ganz und gar weltliche Dinge können durch Gottes Gnade zu Gefäßen der Gegenwart Gottes werden. Und der Ort, wo dies am intensivsten und am greifbarsten geschieht, ist der Gottesdienst der Kirche – ist die Liturgie.

Die katholische sakramentale Deutung und die daraus erwachsende spezifische Liturgieerfahrung wurzeln in der jüdischen Bibel. Als das Volk Israel aus der Sklaverei in die Freiheit zieht – ein Weg, der nach der Befreiung des jüdischen Volks aus Ägypten das gesamte Alte Testament hindurch moralisch und spirituell immer wieder nachvollzogen wird –, entstehen Rituale. Hierbei handelt es sich nicht um die Naturrituale der heidnischen Antike, die kosmische Zyklen feiern oder manipulierbare Gottheiten besänftigen sollten. Israels Rituale – die Beschneidung, die Salbung von Priestern und Königen, die Opfer – sind Handlungen, die Gottes Heilstaten für sein auserwähltes Volk in den Materialien dieser Welt erneut gegenwärtig machen. Das wichtigste dieser Rituale ist das Pascha-Fest. So, wie es von gläubigen Juden gefeiert wird, ist das Pascha keine bloße Gedenkfeier. Das Paschamahl ist eher ein Ritual, das durch so konkrete Dinge wie bittere Kräuter, ein gegrilltes Lamm und das Nacherzählen historischer Ereignisse die wunderbare Exodus- und Sinai-Erfahrung wieder präsent werden läßt – repräsentiert: Israels Übergang von der Sklaverei in die Freiheit und den für beide Seiten verpflichtenden Bund, den Gott mit seinem Volk besiegelt, damit sie nicht wieder in sklavische Gewohnheiten verfallen.

In ähnlicher Weise bedient sich auch Jesus in seinem Wirken materieller Dinge, um den zentralen Punkt seiner Verkündigung zu veranschaulichen – daß das Reich Gottes schon mitten unter uns ist (vgl. Lk 17,21). Ein Beispiel hierfür sind seine Heilungen, bei denen er Erde und Speichel zu Hilfe nimmt, um einem Blinden das Augenlicht wiederzugeben. Immer wieder sind es Dinge dieser Welt– Samen, Bäume, Türen, Fundamente, Weizen, Sauerteig, verborgene Schätze, ein Fischernetz –, anhand deren er Aspekte des Himmelreichs und damit der eigentlich wirklichen Welt veranschaulicht. Ihren Höhepunkt erreicht diese Verwendung materieller Dinge, die das Reich Gottes lebendig werden lassen, beim Letzten Abendmahl, das ein Paschamahl ist. Dort identifiziert Jesus sich mit Brot und Wein, die er in seinen Leib und sein Blut verwandelt, so daß seine Jünger und alle, die nach ihnen kommen, in die innigste Gemeinschaft mit Gott eintreten können.

In der katholischen sakramentalen Deutung der Welt hat alles, was ist, auch Konsequenzen. Alles zählt. Wasser, Öl und Salz, eine brennende Kerze und ein weißes Tuch sind die Hilfsmittel, durch die Neugeborene und Erwachsene in der Taufe zu Söhnen und Töchtern Gottes werden. Das Öl besiegelt die Gabe des Heiligen Geistes, die die Christen in der Firmung empfangen; das Öl bringt den Kranken und Sterbenden im Sakrament der Krankensalbung Trost; das Öl bereitet die Hände von Priestern und Bischöfen für ihren Dienst vor. Brot und Wein werden, gebrochen und geteilt, in der Eucharistie zum Leib und Blut Christi. Das Sakrament der Ehe spenden die Brautleute einander; und der physische Vollzug der Wahrheit, daß sie nunmehr ein Fleisch sind, vollendet die Eheschließung, die mit ihrem gegenseitigen Versprechen begonnen hat.

Die sieben Sakramente der katholischen Kirche – Sakramente im engeren Sinne: nämlich Taufe, Firmung, Eucharistie, Buße (oder Sakrament der Versöhnung), Priesterweihe, Ehe und Krankensalbung – sind sieben privilegierte Momente im Leben eines Christen, in denen Gottes Gnade in besonders machtvoller Weise gewährt wird. Die sieben Sakramente – sieben Zeichen, die Gottes Leben und Gnade auf einzigartige Weise vermitteln und das, wofür sie stehen, gegenwärtig werden lassen – bestätigen die katholische sakramentale Deutung der Welt und veranschaulichen, wie im Gewöhnlichen für uns das Außergewöhnliche greifbar wird. Gleichzeitig sind die Sakramente das, was sie sind, nämlich Sakramente, und zwar genau deshalb, weil Gott die Wirklichkeit sakramental strukturiert hat. Nichts ist purer Zufall oder reines Glück. Der Stoff dieser Welt ist wie „Glast von gerütteltem Flitter" und angefüllt mit Gottes Herrlichkeit.

Wenn man sie nach den wichtigsten Texten des Zweiten Vatikanischen Konzils fragte, würden Theologen vielleicht die *Dogmatische Konstitution über die Kirche* oder die *Dogmatische Konstitution über die Göttliche Offenbarung* anführen. Aktivisten würden der *Pastoralen Konstitution über die Kirche in der Welt von heute* einen hohen Stellenwert einräumen, und jeder, der sich für das Verhältnis von Kirche und Staat interessiert, würde der *Erklärung über die Religionsfreiheit* den Vorrang geben. Wenn Sie aber dieselbe Frage einem x-beliebigen Kirchenbankkatholiken stellen würden, würde der Ihnen wahrscheinlich antworten: „Die neuen Meßtexte."

Die Erneuerung der kirchlichen Liturgie stand ganz oben auf der Tagesordnung des II. Vaticanums, und die Veränderungen kamen rasch und waren deutlich spürbar. Jahrhundertelang hatte man die Messe auf latein gefeiert. Binnen fünf Jahren nach dem Konzil wurden die Messe und sämtliche anderen liturgischen Feiern der Kirche in der Landessprache gehalten, und es begann eine endlose Reihe von Debatten über deren Übersetzungen (vor allem ins Englische). Die Priester zelebrierten nun mit dem Gesicht zum Volk über den Altar hinweg, und das Volk – von Liturgiespezialisten „Versammlung" genannt – nahm aktiv am Gottesdienst teil: sang und leitete die Gesänge der Gemeinde, antwortete auf Gebete, las die Lesungen, brachte vor der Wandlung Brot und Wein zum Altar, teilte die heilige Kommunion aus und tauschte vor dem Empfang der Kommunion ein Zeichen des Friedens und der Versöhnung. Die liturgischen Gesänge gerieten in Vergessenheit, bis *Generation X* sie ein Vierteljahrhundert später mit einer Gregorianik-CD aus einem bis dato völlig unbekannten spanischen Kloster an die Spitze sowohl der Pop- als auch der Klassik-Charts beförderte. Das Kirchenlied wurde zu einem der Eckpfeiler der katholischen Liturgie, und es entstanden neue Gemeindegesänge, die zuweilen stark von den gerade aktuellen Stilrichtungen der Popmusik beeinflußt waren.

Die Bischöfe des Zweiten Vatikanischen Konzils hatten geschrieben, daß die Erneuerung der kirchlichen Liturgie und damit die Erneuerung der gesamten Kirche als einer pulsierenden frohbotschaftlichen Bewegung vor allem durch die Förderung der „vollen, bewußten und tätigen Teilnahme an den liturgischen Feiern" bei allen Gottesdienstbesuchern erreicht werden solle.[5] Die Liturgie bestand mit anderen Worten nicht aus den Handlungen des Priesters und dem stummen Gehorsam der Gemeinde. Weil alle Teilnehmer der heiligen Messe Mitglieder eines auserwählten Geschlechts, einer königlichen Priesterschaft, eines heiligen Stammes und eines Volkes sind, das Gottes besonderes Eigentum wurde (vgl. 1 Petr 2,9), war jeder einzelne „kraft der Taufe berechtigt und verpflichtet", aktiv an der Liturgie der Kirche teilzunehmen.[6] Die Bischöfe wußten natürlich auch, daß diese Idee eine gewisse Eingewöhnungszeit erfordern würde, und sie drängten darauf, die Katholiken durch gezielte Instruktionen auf ihre aktive Beteiligung an der Liturgie vorzubereiten.

Auch wenn eine kleine Minderheit sich noch immer schwer damit tut, diese Veränderungen zu akzeptieren, haben die meisten Katholiken sie, nach den vorliegenden Umfrageergebnissen zu urteilen, begeistert begrüßt. Es stimmt, daß die katholische Praxis samt sonntäglichem Meßbesuch und Empfang des Bußsakraments (der bei den meisten Katholiken immer noch „beichten gehen" heißt) seit dem II. Vaticanum teilweise sogar dramatisch zurückgegangen ist. Es wäre jedoch ein logischer Trugschluß, anzunehmen, daß das, was *nach* dem Konzil geschehen ist, *wegen* des Konzils geschehen ist. Alles in allem hat die liturgische Erneuerung breite Akzeptanz gefunden, und es ist pure Nostalgie, davon zu träumen, daß wieder alles so wird, wie es früher war.

Dennoch werden von Katholiken mit den unterschiedlichsten theologischen und ästhetischen Überzeugungen nach wie vor intensive und interessante Debatten über die Liturgiereform geführt, die auf eine, wie sie es nennen, „Reform der Reform" abzielen. Einige Wissenschaftler stellen heute zum Beispiel die Frage, ob man den Vereinfachungen der reformierten Liturgie die richtigen historischen Modelle zugrundegelegt hat. Nur sehr wenige Katholiken mit einem minimalen Gespür für die Majestät der englischen Sprache können den Übersetzungen etwas abgewinnen, die derzeit in der Messe verwendet werden. Ökumenische Konzilien lösen immer Kontroversen aus, und es spricht einiges dafür, daß die durch das II. Vaticanum ausgelösten liturgischen Kontroversen auch in den kommenden Jahrzehnten fortgesetzt werden. Diese Kontroversen werden eher konstruktiv als destruktiv und die Liturgie wird für die Neugierigen und die Skeptiker attraktiver sein, wenn es den Katholiken gelingt, sich auf einen entscheidenden Punkt zu einigen: daß die Liturgie in ihrem tiefsten Wesen nicht unser, sondern Gottes Werk ist.

Wie viele andere Bestandteile des katholischen Lebens ist auch die Liturgie in den vergangenen Jahrzehnten bürokratisiert worden. Die meisten Gemeinden haben Liturgiekommissionen, und der sonntägliche Gottesdienst wird in vielen Fällen von einem Komitee geplant. Das ist an sich nichts Schlimmes, doch es trägt zu der Vorstellung bei, daß die Liturgie von Menschen gemacht wird und kein Werk Gottes ist, an dem wir Menschen lediglich Anteil haben. Und dieses selbstbewußte Gefühl, die Liturgie zu kreieren, wird – womit niemand gerechnet hatte – noch dadurch verstärkt, daß der Priester die Messe mit dem Gesicht zur Gemeinde feiert: Der Zelebrant wird nun zum beherrschenden Faktor der Liturgie.

Die Liturgie nicht als Menschen-, sondern als Gotteswerk zu betrachten, mag dem einen oder anderen recht „abgehoben“ vorkommen, weil jeder weiß, daß die liturgischen Texte menschengemacht und veränderlich sind. Doch es geht bei dieser Frage nicht darum, wer die Gebetbücher der Kirche verfaßt, sondern um das Wesen der Liturgie an sich. Wenn wir verstehen wollen, was es bedeutet, daß die Liturgie unsere Teilhabe am Wirken Gottes ist, können wir auf die jüdische Bibel zurückgreifen und über jene berühmte Szene nachdenken, in der Moses das Volk Israel dabei ertappt, wie es ein goldenes Kalb anbetet, das sein Bruder Aaron hat gießen lassen.

In seinem Buch *Der Geist der Liturgie* bietet Joseph Kardinal Ratzinger einen aufschlußreichen Kommentar zu dieser dramatischen Begebenheit aus dem Buch Exodus. Selbst innerhalb des Alten Testaments wird der Tanz um das Goldene Kalb typischerweise als eine Episode schlichter Götzendienerei und Anbetung falscher Gottheiten dargestellt. So heißt es in Psalm 106: „Sie machten am Horeb ein Kalb / und warfen sich vor dem Gußbild nieder. / Die Herrlichkeit Gottes tauschten sie ein / gegen das Bild eines Stieres, der Gras frißt." Kardinal Ratzinger deutet an, daß die Götzendienerei hier sogar noch weiter reicht.

Aaron, so schreibt der Kardinal, wollte mit diesem Kult „keineswegs einem heidnischen Götzen dienen." Und innerlich, so Ratzinger, bleibt das Volk Israel „scheinbar durchaus bei demselben Gott [...] der Israel aus Ägypten geführt hat". Wo ist dann das Problem? Worin besteht die Abtrünnigkeit Israels? Zunächst in der Idee, daß die Heilsmacht des einen wahren Gottes durch ein goldenes Kalb angemessen repräsentiert werden könnte. „Man hält es bei dem unsichtbaren, dem fernen und geheimnisvollen Gott nicht aus", schreibt Ratzinger. „Man holt ihn zu sich herab, ins Eigene, ins Anschauliche und Verständliche." Und so wird daraus ein falscher Kult: Der Tanz um das Goldene Kalb ist „nicht mehr ein Hinaufsteigen zu ihm, sondern ein Herunterziehen Gottes ins Eigene: Er muß da sein, wenn er gebraucht wird, und muß so sein, wie er gebraucht wird."

Mit diesem falschen Kult „gebraucht" der Mensch Gott „und stellt sich so, auch wenn das äußerlich nicht erkennbar ist, in Wirklichkeit über ihn." Wenn wir goldene Kälber anbeten, beten wir Götzen an, die wir selbst nach unserem eigenen Bild geschaffen haben, statt unsere Abhängigkeit von dem einen Gott anzuerkennen, der uns nach seinem Bild und ihm ähnlich erschaffen hat.

Und das führt uns zu der zweiten, subtileren Apostasie. Mit der Anbetung des Goldenen Kalbs verfällt Israel in etwas, das Kardinal Ratzinger als einen „Kult aus eigener Vollmacht“ bezeichnet. Götzendienst ist ein Fest, das wir für uns selbst ausrichten, ein Festival der Selbstbestätigung. Statt der Anbetung Gottes zu dienen, wird der Kult „ein Kreisen um sich selber: Essen, Trinken, Vergnügen.“ Und das ist auch der Grund dafür, daß Moses so zornig wird, als er diesen Aufruhr im Lager der Israeliten erblickt: „Der Tanz um das Goldene Kalb ist das Bild dieses sich selbst suchenden Kultes, der zu einer Art von banaler Selbstbefriedigung wird. Die Geschichte vom Goldenen Kalb ist eine Warnung vor einem eigenmächtigen und selbstsüchtigen Kult, in dem es letztlich nicht mehr um Gott, sondern darum geht, sich aus Eigenem eine kleine alternative Welt zu geben.“[7]

Sind die Katholiken unserer Zeit gegen diese Versuchung immun? Monsignore M. Francis Mannion, der frühere Rektor der *Cathedral of the Madeleine* in Salt Lake City und jetziger Direktor des Liturgischen Instituts an der Chicagoer Universität *St. Mary of the Lake* ist skeptisch. Monsignore Mannion ist einer der wichtigsten Befürworter der „Reform der Reform“, und ihm zufolge besteht ein „grundlegendes Problem im Hinblick auf die heutige Messe darin, daß ihre Feier durch die Übernahme von Konzepten und Praktiken aus dem Konsumismus, der Unterhaltung und der Psychotherapie korrumpiert worden ist.“ Statt „den Reichtum und die Tiefe der Riten für sich selbst sprechen zu lassen“, so Mannion, „wird die eucharistische Liturgie häufig unter kulturellen Überlagerungen begraben, die dem zentralen Sakrament der Kirche seine Kraft nehmen.“[8]

Wenn die Messe zur Unterhaltung, zur Therapie oder zur therapeutischen Unterhaltung wird, dann ist sie nicht das, was sie sein soll. Wenn der zelebrierende Priester oder die Gemeinde oder sowohl der Zelebrant als auch die Gemeinde sich selbst für die eigentlichen Bezugsgröße der Liturgie halten, dann ist die Liturgie nicht das, was sie sein soll. Wir beten Gott nicht an, weil wir uns danach besser oder gut oder unterhalten fühlen. Wir beten Gott an, weil Gott anbetungswürdig ist. Nach einer uralten katholischen Lehre, die das II. Vaticanum wiederaufgegriffen hat, besteht das Privileg der katholischen Liturgie darin, daß sie Teilnahme „an jener himmlischen Liturgie" ist, „die in der heiligen Stadt Jerusalem gefeiert wird, zu der wir pilgernd unterwegs sind, wo Christus sitzt zur Rechten Gottes, der Diener des Heiligtums und des wahren Zeltes".[9] Die Messe mitzufeiern heißt also nicht, herabzusehen oder sich umzusehen, sondern nach oben zu sehen: Es heißt, sich den Engeln und Heiligen beizugesellen, die Gott in der Ewigkeit preisen.

Die eigentliche Bezugsgröße der Liturgie ist Gott, die Heilige Dreifaltigkeit: Christus führt uns durch die Kraft des Geistes zur echten Anbetung des Vaters. Wie wahre Liebe bedeutet auch wahre Anbetung nicht, daß wir einander in die Augen schauen, sondern daß wir gemeinsam auf Gott schauen, der Liebe ist.

Wenn wir das verstanden haben, dann hat die Reform der Liturgiereform in der katholischen Kirche bereits begonnen.

Der Priester als Ikone

Francis Kardinal George von Chicago wird häufig gefragt, weshalb die Kirche keine Frauen zu Priestern weiht. Der Kardinal, ein ehemaliger Lehrer und überaus kommunikativer Mensch, erwidert in der Regel: „Sagen Sie mir, was ein Priester Ihrer Meinung nach ist, und dann sehen wir weiter." Die Antwort, die der Kardinal dann erhält, bezieht sich meist auf die funktionale Ebene: Ein Priester ist jemand, der bestimmte Dinge tut. Und wenn das das Wesen des Priestertums ausmacht, dann ist es doch in der Tat unfair oder sogar ungerecht, nur Männer zu Priestern zu weihen.

Sähe die Frage anders aus, wenn wir sie durch die Brille der sakramentalen Deutung betrachteten? Wenn wir einmal annähmen, daß der Priester kein Funktionär, sondern eine *Ikone* ist?

Die Vorstellung, daß das Priestertum sich im wesentlichen über seine Funktionen definiert, ist ein bedauerliches Nebenprodukt von Jahrhunderten der Verrechtlichung und Bürokratisierung in der katholischen Kirche – gewissermaßen die Quittung dafür, daß man die Kirche zu einer Art klerikalem Kastensystem hat werden lassen. Das Zweite Vatikanische Konzil und Papst Johannes Paul II. haben versucht, dieses Zerrbild zu korrigieren. Das Konzil erinnerte die Kirche daran, daß sie einen Hohenpriester hat, nämlich Christus, an dessen einzigartigem Priestertum jeder Christ durch die Taufe Anteil erhält. Das geweihte Amtspriestertum ist keine Ansammlung von Funktionen innerhalb dieses „allgemeinen Priestertums" aller Getauften. Und ebensowenig ist der geweihte Priester der Repräsentant dieser aus allen Christen bestehenden Priestergemeinschaft – etwa so, wie ein Kongreßabgeordneter seinen Wahlbezirk repräsentiert: Der Priester „steht" nicht „für" die Gemeinschaft. Aus katholischer Sicht ist der geweihte Priester eine Ikone des Hohenpriesters Christus. Der geweihte Priester ist ein gewöhnlicher Mann, der durch die Gnade der Priesterweihe zu einer außergewöhnlichen Ikone – einer außergewöhnlichen Re-Präsentation, Wiedervergegenwärtigung – der priesterlichen Gegenwart Christi in seinem Volk wird.

Das geweihte Priestertum besteht nicht als Kaste um ihrer selbst willen, sondern um dem allgemeinen Priestertum des gesamten Gottesvolks zu dienen. Das ist einer der Gründe dafür, daß die katholische Kirche des Westens den Zölibat so hoch bewertet: Der freiwillig gewählte Zölibat um jenes Himmelreichs willen, in dem wir alle in einer Gemeinschaft des vollkommenen Schenkens und Empfangens leben werden, ist für die ganze Kirche ein kraftvolles Zeichen dessen, was jeden einzelnen Christen erwartet (vgl. Mt 19,12). Der geweihte Priester als Ikone des Priesters Christus hebt und adelt das allgemeine Priestertum des gesamten Gottesvolks, indem er die Gemeinschaft befähigt, in der Wahrheit anzubeten, die Wahrheit zu sprechen und in Wahrheit zu dienen. Johannes Paul II. hat immer und immer wieder hervorgehoben, daß das Amtspriestertum keine Karriere ist und nichts mit Macht zu tun hat. Es ist ein Dienst. „Das neutestamentliche Zeugnis und die beständige Tradition der Kirche", so schreibt der Papst, „erinnern uns daran, daß das Amtspriestertum nicht in soziologischen oder politischen Kategorien als eine Form der ‚Machtausübung' innerhalb der Gemeinschaft verstanden werden kann. Das Weihepriestertum muß theologisch als eine Form des Dienens in der Kirche und für die Kirche verstanden werden."[10]

Das Priestertum kann aus katholischer Sicht nicht im Kontext „rechtlicher Ansprüche" diskutiert, und die Frage des Frauenpriestertums kann nicht als eine Frage der Gerechtigkeit betrachtet werden. Strenggenommen hat niemand ein „Recht", Priester zu sein, und wenn ein Mann behauptet, zum Priester berufen zu sein, wird das von der Kirche nicht so ohne weiteres akzeptiert. Priesterberufungen werden in einer langen Vorbereitungszeit auf Herz und Nieren geprüft. Die Kirche beruft Männer zum Priestertum. Niemand, vom Papst bis hin zum einfachsten Landpfarrer, hat sich die Berufung zum Priester aus eigener Kraft einfach genommen.

Die Gerechtigkeit in der Kirche läßt sich auch nicht eins zu eins mit der Gerechtigkeit in der Gesellschaft gleichsetzen. Die persönliche Gleichheit aller nach dem Bild Gottes geschaffenen Menschen in der Kirche und die spirituelle Gleichheit aller Getauften bestehen neben einer notwendigen Unterschiedlichkeit oder Ungleichheit der spirituellen Gaben. Diese Unterschiede oder Ungleichheiten sind gottgewollt, und wir sollten uns nicht wünschen, daß es anders wäre. Wenn nicht einige die Gabe prophetischer Einsicht besäßen, wie würde dann der Rest von uns dazu herausgefordert werden, die Dinge so zu sehen, wie sie wirklich sind? Wenn nicht einigen die Gabe der geistlichen Leitung gegeben wäre, von wem würde sich dann der Rest von uns auf unserer Pilgerfahrt durchs Leben führen lassen? Die Gleichheit aller vor dem Gesetz ist ein Grundprinzip einer gerechten Zivilgesellschaft. Die Vielfalt der Gaben des Heiligen Geistes, die Unterschiedlichkeit der Dienste, die demselben Herrn erwiesen werden, und die vielen Kräfte, durch die Gott wirkt (vgl. 1 Kor 12,4–6), sind die grundlegende Wirklichkeit der

Kirche, die kein Nationalstaat, sondern eine Gemeinschaft von Gläubigen ist.[11]

Doch da ist noch etwas. Etwas, das wir vielleicht als die „Körpersprache" des Priestertums bezeichnen können. In der katholischen sakramentalen Sicht sind Männlichkeit und Weiblichkeit weder evolutionsbiologische Zufälle noch kulturelle Konstruktionen, sondern Ikonen, die auf tiefere Wahrheiten über die Natur der Wirklichkeit und das Wesen Gottes verweisen. Die Gleichheit von Mann und Frau, die nach dem Bild Gottes geschaffen und von Christus erlöst worden sind, bedeutet nicht, daß Mann und Frau als Ikonen der Gegenwart Gottes in der Welt austauschbar wären. Dieses beharrliche Ernstnehmen unserer geschlechtlichen Verkörperung, unseres spezifischen Mannseins und Frauseins, ist die Grundlage der kirchlichen Sexualethik. Und das betrifft auch die Frage nach dem Priestertum.

Nach einer alten kirchlichen Überlieferung, die auf den heiligen Paulus und die erste Generation von Christgläubigen zurückgeht, ist die Beziehung zwischen Christus und der Kirche bräutlich: Christus liebt die Kirche so, wie ein Mann seine Frau liebt (Eph 5,25). Diese bräutliche Liebeshingabe wird am vollkommensten in der Eucharistiefeier der Messe ausgedrückt, wenn der Priester *in persona Christi* und als Ikone Christi handelt und Christi Selbsthingabe durch die Wandlung von Brot und Wein in Christi Leib und Blut vergegenwärtigt. Für christliche Gemeinden, in denen das Abendmahl ein Gedächtnismahl, eine Mahlgemeinschaft ist, ist die Frage des Frauenpriestertums eigentlich gar keine Frage oder einfach nur eine Sache der Gewohnheit, weil das Amt nicht sakramental, sondern funktional gesehen wird. Doch das katholische Verständnis der Eucharistie oder des geweihten Amtes ist ein anderes. Die Ikonographie der bräutlichen Selbsthingabe Christi an seine Kirche, die in seiner sakramentalen Selbsthingabe in der Eucharistie am intensivsten ausgedrückt ist, erfordert aus katholischer Sicht einen Priester, der Christus in seiner männlichen Selbsthingabe an seine Braut, die Kirche, ikonographisch repräsentieren kann.

Nichts von alledem ist in einer Kultur, die die Unterschiedlichkeit der Geschlechter nicht als sakramental, sondern als zufällig betrachtet – einer Unisex-Kultur, wenn man so will –, leicht umzusetzen oder zu begreifen. Tatsache ist jedoch, daß die katholische Tradition, nur Männer zu Priestern zu weihen, Ausdruck der katholischen sakramentalen Sichtweise ist. Es ist kein Zeichen von Frauenfeindlichkeit. Es ist keine Frage von Rechten. Es ist keine Frage der Macht. Es ist eine Frage der Sakramentalität. Das Außergewöhnliche, das auf der Kehrseite des Gewöhnlichen liegt, wird durch die Dinge dieser Welt vergegenwärtigt, so schwach und unzulänglich sie auch sein mögen – ebenso schwach und unzulänglich, wie jene zum Priestertum berufenen Männer es auch in ihren eigenen Augen ganz ohne Zweifel sind. Doch Gottes Wege sind, wie der Prophet Jesaja dem Volk Gottes ins Gedächtnis gerufen hat, nicht unsere Wege (Jes 55,8). Und das ist gerade für die sakramentale Deutung überaus zutreffend.

Das Gebet und Gottes Durst nach uns

Lassen Sie mich schließlich und endlich in diesem Zusammenhang auch etwas über das Gebet sagen.

Wenn das Wesen des Christentums darin besteht, daß Gott nach uns sucht, dann muß sich diese Wahrheit in irgendeiner Weise im christlichen Beten widerspiegeln. Der *Katechismus der Katholischen Kirche* wählt die Geschichte von Jesus und der Samariterin, um diesen Aspekt zu veranschaulichen. In dieser Episode des Evangeliums (Joh 4,4–26) sitzt Jesus in der Nachmittagshitze am Jakobsbrunnen, als eine Samariterin kommt, um Wasser aus dem Brunnen zu schöpfen. „Gib mir zu trinken“, bittet Jesus die Frau, die überrascht darüber ist, daß ein Jude mit ihr, einer Samariterin, spricht. In der Deutung des *Katechismus* stehen die Frage Christi und das Erstaunen der Frau für den überraschenden Charakter des Gebets: „Das Wunder des Gebetes zeigt sich gerade da, am Rande der Brunnen, bei denen wir Wasser holen. Dort begegnet Christus jedem Menschen; er sucht uns, bevor wir ihn suchen, und er bittet: ‚Gib mir zu trinken!' Jesus dürstet; seine Bitte kommt aus der Tiefe Gottes, der nach uns verlangt. Ob wir es wissen oder nicht, im Gebet begegnet der Durst Gottes unserem Durst. Gott dürstet danach, daß wir nach ihm dürsten".[12]

Guy Crouchback gelangt im dritten Band von Evelyn Waughs Trilogie *Ohne Furcht und Tadel* zu einer ähnlichen Erkenntnis. Bei der Beerdigung seines Vaters denkt Hauptmann Crouchback über seine schwerste Sünde nach – jene spirituelle Trägheit, die die Theologen „Acedia" nennen.

> Seit nunmehr vielen Jahren hatte die Anweisung aus dem *Garten der Seele* „Stelle dich in die Gegenwart Gottes!" für Guy zunehmend die Bedeutung eines bloßen Höflichkeitsaktes angenommen, wie etwa das Sich-Eintragen im Gästebuch in einer Botschaft oder einem Regierungssitz. Er meldete sich zum Dienst bei Gott mit den Worten: „Ich bitte um nichts. Ich bin hier, falls Du mich brauchst. Ich glaube nicht, daß ich zu etwas nutze sein kann, aber sofern es irgend etwas gibt, was ich tun kann, laß es mich wissen!" und hatte es dabei bewenden lassen.
>
> „Ich bitte dich um nichts"; das war der tödliche Kern seiner Apathie; sein Vater hatte versucht, ihm das klarzumachen, versuchte noch, es ihm klarzumachen. Diese Leere, die nun schon seit Jahren in ihm war, selbst in jener begeisterten und tätigen Zeit bei den *Halberdiers.* Begeisterung und Tätigkeit allein genügten nicht. Gott verlangte mehr als das. Er hatte allen Menschen befohlen zu *bitten.*[13]

Beten heißt nach einer alten katholischen Formel, „unseren Sinn und unser Herz zu Gott zu erheben". In erster Linie, so die biblische Schwerpunktsetzung, ist das Gebet eine Sache des Herzens. Über tausendmal nennen die jüdische Bibel und das Neue Testament das „Herz" als den „Ort, wo ich ‚absteige'", das Heiligtum meines innersten Selbst, den Ort, von dem das Gebet aufsteigt.[14] Das deutet darauf hin, daß die sakramentale Deutung zwar intellektuell analysiert werden kann, in letzter Konsequenz aber Sache des Herzens ist: eher eine Frage des Ahnens als des Begreifens, eine Art von Wissen, die mit der Liebe verwandt ist.

Beten ist eine Erfahrung und ein Teilhaben an der Liebe: jener Liebe, die das innere Leben Gottes des Vaters, des Sohnes und des Heiligen Geistes ist.

5. Wie sollten wir leben?

Moralisches Leben und befreiende Gesetze

Von außen betrachtet wirkt die katholische Kirche unter Umstände wie ein reizbares, willkürliches Kindermädchen, das ihre Schutzbefohlenen ständig mit unmöglichen Vorschriften quält. „Du darfst nicht" – das ist für einen Außenstehenden der Suchbegriff, mit dem er auf die katholische Moralwebsite kommt. Ein solches Image ist nicht sehr anziehend, und es verhindert eine ernsthafte Begegnung mit einer der erfahrensten Sittenlehrerinnen der Welt. Das ist für jeden ein Verlust.

Andererseits liegt hierin auch ein Körnchen Wahrheit, und dieses Körnchen ist eine Herausforderung. Die entschiedene Weigerung der katholischen Kirche, gewisse klassische moralische Überzeugungen aufzugeben, hat zahllose Kontroversen ausgelöst. Unsere Kultur ist nur dann bereit, eine Art moralisches Vokabular zu akzeptieren, wenn dieses Vokabular lediglich Präferenzen ausdrückt: „Ich *würde mir wünschen,* daß du dieses oder jenes tust" oder „Mir *wäre lieber,* du würdest das nicht tun." Jede andere Ausdrucksweise – zum Beispiel „Das *solltest* du wirklich nicht tun" oder gar „Das *darfst* du nicht" – wird leicht als autoritär empfunden und als Beschneidung unserer Freiheit zurückgewiesen.

In den letzten etwa dreißig Jahren war dies eine weitverbreitete Reaktion auf die katholische Morallehre. Die Sittenlehre der Kirche wird als institutioneller Autoritarismus rundweg abgelehnt. Nur selten wird gefragt, welche Überzeugungen von den Dynamismen des menschlichen Lebens und des menschlichen Glücks dieser Lehre zugrunde liegen.

Dieses negative Bild von der katholischen Kirche als einer moralischen Lehrerin enthält noch ein weiteres Körnchen Wahrheit. Jahrhundertelang wurde die Sittenlehre der Kirche typischerweise als eine Liste von Verboten präsentiert. Doch dieser „verbotslastige" moralische Ansatz stellte eine schwerwiegende Verzerrung der klassischen katholischen Sicht des sittlichen Lebens dar. In der verbotsbetonten Sicht ist die Moral ein Kampf zwischen meinem Willen und Gottes Willen. Gottes Wille ist stärker, und so steht am Schnittpunkt zwischen meinem und Gottes Willen die moralische Pflicht. Die entscheidende moralische Frage lautet: „Wie weit kann ich gehen, ehe ich von einer Pflicht gestoppt werde, die dieser stärkere Wille mir auferlegt?" Da lag es nahe, das sittliche Leben als eine Liste von Verboten zu begreifen.

„Wie weit kann ich gehen?" – das war nicht die Frage, die der reiche junge Mann aus dem Evangelium Jesus in jener Episode gestellt hat, die Johannes Paul II. uns als das Paradigma des moralischen Lebens vor Augen hält. Seine Frage war eine andere: „Meister, was muß ich Gutes tun, um das ewige Leben zu gewinnen?" Der reiche junge Mann fragte nicht, was er nicht tun sollte; er fragte, was er Gutes tun mußte. Und bei diesem Gutes-Tun ging es ihm überdies nicht darum, seine Unabhängigkeit zu beweisen, seinen freien Willen auszuüben oder sich gut zu fühlen. Es ging ihm darum, „das ewige Leben zu gewinnen".

Hier finden wir einen Mikrokosmos des sittlichen Lebens, wie der Katholizismus es einst begriffen hat und wie die katholische Kirche es nun, am Beginn des dritten Jahrtausends, allmählich wieder zu begreifen beginnt: Das, worum es im sittlichen Leben eigentlich geht, ist, *gut* zu sein, ein guter Mensch zu werden. Das Entscheidende an diesem Gutsein ist, daß es uns befähigt, das ewige Leben zu genießen. Um auf ewig gemeinsam mit Gott das Leben Gottes zu genießen, muß man eine bestimmte Art von Mensch sein. Zu solchen Menschen müssen wir erst noch werden. Und wir werden es mit Hilfe unserer Freiheit. Die Vorschriften und Verbote des Sittengesetzes sind Grenzen für die Ausübung unserer

Freiheit. Sie helfen uns, uns frei für das Gute zu entscheiden, und so werden wir zu jener Art von Menschen, die ewig bei Gott leben können.

Ein großer Teil der Debatte über die katholische Morallehre ist noch immer in das alte, regelbetonte Paradigma gespannt. Die Argumente speisen fruchtlose und nicht selten häßliche Debatten zwischen den Verteidigern strenger und den Befürwortern lockerer Regeln. Die einen legen die Meßlatte hoch, die anderen wollen sie niedriger ansetzen. Keine der beiden Parteien spricht viel darüber, wie man ein guter und glücklicher Mensch wird. Beide neigen dazu, „die Regeln" als Einschränkung der Freiheit darzustellen, weil sie Freiheit mit Ungehorsam gleichsetzen. Die einen verteidigen solche Freiheitsbeschneidungen, die anderen scheuern sich wund daran, doch beide sind sich einig, daß es Freiheitsbeschneidungen sind. Niemand fragt, ob nicht Freiheit etwas ganz anderes sein könnte – ob nicht Freiheit etwas mit dem Glück zu tun haben könnte, das man empfindet, wenn man ein Mensch geworden ist, der sich frei für das Gute entscheidet.

Der Weg aus dieser Sackgasse heraus – und hin zu einer richtigen Fokussierung auf die Regeln des sittlichen Lebens – führt über die Geschichte von Jesus und dem reichen jungen Mann. Höhepunkt der Geschichte, zumindest wird es in Predigten häufig so dargestellt, ist eine Warnung vor Materialismus und Habgier: Der junge Mann geht fort, „denn er hatte ein großes Vermögen" und konnte den Gedanken, darauf verzichten zu müssen, nicht ertragen. Wenn wir jedoch im Matthäusevangelium weiterlesen, bestand die eigentliche Herausforderung für den jungen Mann nicht einfach darin, seinen Besitz aufzugeben, sondern sich selbst hinzugeben: „Wenn du vollkommen sein willst, geh, verkauf deinen Besitz und gib das Geld den Armen; so wirst du einen bleibenden Schatz im Himmel haben; dann komm und folge mir nach" (Mt 19,21). Gib dich hin, verschenke dich selbst, fordert Jesus. Mach nicht nur dein Vermögen, sondern dich selbst zum Geschenk.

Das ist die grundlegende Herausforderung des sittlichen Lebens nach klassischer katholischer Vorstellung: die Herausforderung, uns selbst an andere zu verschenken. Alles andere – einschließlich sämtlicher Regeln und Gesetze, Verbote und Vorschriften – dreht sich um diesen einen Punkt. Uns selbst zu verschenken, uns hinzugeben macht uns bereit, zu jener Art von Menschen zu werden, die auf ewig bei Gott und mit Gott – einer Dreieinigkeit sich verschenkender Personen – leben können.

Das moralische Leben ist nichts, was dem wirklichen Leben von außen übergestülpt wird. Das moralische Leben ist das Leben, wie die Menschen es leben. Unser Leben ist unweigerlich ein moralisches Leben, und deshalb besitzt es eine ihm innewohnende dramatische Struktur. Wir leben in der Spannung zwischen dem Menschen, der wir heute sind, und dem Menschen, der wir sein sollten. Nach dem, was Jesus in der Geschichte vom reichen Jüngling sagt, können wir diese Spannung lösen, indem wir dank der Gnade in unserer Fähigkeit wachsen, in liebender Selbsthingabe frei über uns zu verfügen.

Moral beschränkt sich nicht auf Gebote und Pflichten, auch wenn sie Gebote und Pflichten beinhaltet. Von innen betrachtet bezieht sich Moral auf Glück und auf die Tugenden, die glücklich machen. Für Katholiken ist die Liebe die Mitte des moralischen Lebens – Liebe, die frei über sich verfügt und sich verschenkt und uns zu solchen Gebern macht, daß wir imstande sind, auf ewig bei dem zu leben, der die Liebeshingabe schlechthin ist.

Bereit für die Glückseligkeit

Wenn das sittliche Leben uns darauf vorbereiten soll, zu jener Art von Menschen zu werden, die auf ewig mit Gott zusammenleben können, dann ist der erste Ort, an dem wir nach Anhaltspunkten für eine spezifisch christliche Moral suchen sollten, die Bergpredigt, die ein zeitgenössischer katholischer Theologe als die „Charta des christlichen Lebens" bezeichnet hat.[1] Und innerhalb der Bergpredigt sollten wir uns zuallererst die Seligpreisungen ansehen. Denn genau das bedeutet es, bei Gott zu leben: „selig", auf ewig glücklich zu sein.

Die Seligpreisungen (Mt 5,3–12) werden zuweilen als eine Art Vorspeise zu der eigentlichen Hauptmahlzeit der Bergpredigt betrachtet, in der Jesus seine Zuhörer auffordert, das Salz der Erde und das Licht der Welt zu sein, über die strengen Forderungen bloßer Gerechtigkeit hinaus Barmherzigkeit zu üben und Gott im Gebet als „unseren Vater" anzusprechen. Der heilige Augustinus aber lehrt uns, daß die Seligpreisungen der Schlüssel zu Christi gesamtem Diskurs über das menschliche Glück sind. „Wir alle wollen glücklich leben", schreibt Augustinus; „in der ganzen Menschheit gibt es niemanden, der diesem Satz nicht zustimmt." Die Seligpreisungen sind Christi Antwort auf die tiefempfundene Sehnsucht des Menschen nach Glück.

Weit davon entfernt, eine Sache der Psychologie oder der Hirnchemie zu sein, stammt diese Sehnsucht nach Glück vielmehr von Gott, wie wir im *Katechismus der katholischen Kirche* lesen: „Er hat es in das Herz des Menschen gelegt, um ihn an sich zu ziehen, denn Gott allein vermag es zu erfüllen".[2] Die Seligpreisungen – mit ihrer Verheißung ewiger Glückseligkeit für die Armen vor Gott, die Trauernden, die Sanftmütigen, die, die nach Gerechtigkeit hungern und dürsten, die Barmherzigen, die Friedfertigen und die Verfolgten – lehren uns, daß unsere Handlungen denkbar weitreichende Folgen haben, weil das, was wir tun, uns zu der Art von Menschen macht, die wir sind. Und das, was wir sind, entscheidet über das, was wir sein können: Gott ruft alle, die die Seligpreisungen umgesetzt und sich selbst verschenkt haben, zur Teilhabe an seiner eigenen Glückseligkeit.

Die Seligpreisungen – und die ewige Glückseligkeit, auf die sie verweisen – bilden den Kontext des christlichen Sittenlebens. Wie es im *Katechismus* heißt: „Die verheißene Seligkeit stellt uns vor wichtige sittliche Entscheidungen. Sie lädt uns ein, unser Herz von bösen Trieben zu läutern und danach zu streben, Gott über alles zu lieben. Sie lehrt uns: Das wahre Glück liegt nicht in Reichtum und Wohlstand, nicht in Ruhm und Macht, auch nicht in einem menschlichen Werk […] sondern einzig in Gott, dem Quell alles Guten und aller Liebe.“[3] Die himmlische Glückseligkeit, das Leben mit Gott und bei Gott, ist unser Maßstab, wenn es darum geht, was an unserem Leben in dieser Welt gut ist. Das moralische Leben ist keine Liste willkürlicher Regeln, die wie Basketball- oder Fußballregeln verändert werden können. Das Sittengesetz ist uns gewissermaßen angeboren: Lebensregeln stammen aus dem Inneren des menschlichen Herzens und seiner Sehnsucht nach Gottes Glückseligkeit.

Freiheit zur Vortrefflichkeit

Wenn wir das moralische Leben durch das Prisma der Seligpreisungen neu betrachten, werden wir von den Regeln zu den Tugenden geführt: von einer *regel*betonten zu einer *tugend*betonten Moralvorstellung. Die Grundfrage lautet nun nicht mehr: „Wie weit kann ich gehen“, sondern: „Was sollte ich tun, um ein guter Mensch zu werden?“ Mit jeder Antwort, die wir auf diese sehr viel tiefergehende Frage finden, rücken zwar auch wieder Regeln in den Blickpunkt, doch diese Regeln werden dem Menschsein nicht willkürlich von außen auferlegt. Diese Regeln erwachsen aus der eigentlichen Dynamik des menschlichen Glückstrebens. Sie sind sozusagen fest in dieses Streben eingebaut.

Das alles führt uns zu einem ganz anderen Freiheitsbegriff, als wir ihn häufig in unserer Kultur antreffen.

Freiheit wird heute typischerweise als Beliebigkeit verstanden: zu tun, was mir beliebt, was ich will, und es „auf meine Weise“ zu tun. So gesehen ist Freiheit die Möglichkeit der Wahl, und Auswahl ist alles. Freiheit hat kein anderes Ziel als das, wofür ich mich in einer beliebigen Situation jeweils entscheide. Und weil Freiheit einfach nur Auswahl ist,

ist sie auf alles anwendbar, solange niemand sonst dabei geschädigt wird. Dann aber ist die Vorstellung, daß bestimmte Wahlmöglichkeiten mit unserer Menschenwürde und unserer Freiheit schlicht unvereinbar sind, eine willkürliche und inakzeptable Beschneidung unserer Freiheit. „I did it my way“ – ich hab's auf meine Art getan: das ist der höchste Wert des sittlichen Lebens.

Lord Acton, der große englische Freiheitshistoriker des neunzehnten Jahrhunderts, war entschieden anderer Ansicht. Freiheit, so betonte Acton, ist nicht die Fähigkeit, alles zu tun, was wir wollen. Vielmehr besteht unsere Freiheit darin, daß wir das Recht haben zu tun, was wir müssen. Freiheit und Gutheit sind zuinnerst und untrennbar miteinander verbunden.

Eine Vorstellung davon, was Acton meint und wie es uns zu einem reicheren und menschlicheren Freiheitsbegriff führt, gewinnen wir vielleicht, wenn wir über zwei mögliche Wege nachdenken, wie wir uns als Menschen weiterentwickeln: Stellen Sie sich vor, Sie würden ein Musikinstrument spielen und eine neue Sprache sprechen lernen. Das Klavierspiel zu erlernen kann eine mühselige Angelegenheit sein. Mit Disziplin und Etüden trainieren wir unser Gehirn und unsere Finger. Diese Etüden empfindet jeder Anfänger als lästige Pflicht. Nach einer Weile jedoch scheint das, was wir zunächst als Zwang empfunden haben, etwas Befreiendes zu sein. Die Beherrschung der Etüden befähigt mich, alles, was ich will, und selbst die schwierigsten Kompositionen zu spielen. Was anfangs wie reine Schinderei aussah, hat mich so weit gebracht, daß ich jetzt sogar selbst neue Musik erschaffen kann.

Natürlich steht es jedem frei, auf dem Klavier herumzuhämmern und sinnlosen Lärm zu machen, doch, wie der herausragende Moraltheologe Pater Servais Pinckaers schreibt, „dies ist eine rudimentäre, wilde Art der Freiheit“, hinter der sich „die Unfähigkeit verbirgt, auch nur das einfachste Stück akkurat und gut zu spielen.“ Diejenigen, die ihre Etüden absolviert haben, beherrschen die Kunst des Klavierspiels, und mit dieser Kunst haben sie eine neue Freiheit gewonnen. Bei dieser tieferen, reicheren, menschlicheren Freiheit geht es darum, daß wir schrittweise die Fähigkeit erwerben, das, wofür wir uns entschieden haben, in Perfektion zu tun.

Mit dem Erlernen einer neuen Sprache verhält es sich ähnlich. Hören und Sprechen sind der beste Weg, um sich eine Sprache anzueignen. An einem gewissen Punkt in diesem Prozeß müssen wir jedoch die grundlegenden Regeln der Grammatik lernen und uns einen Wortschatz zulegen, der auf seine Art ebenfalls ein Gefüge aus Regeln ist. Die Regeln machen die Sprache erst möglich. Sprechen ohne Regeln ist nur Lärm. Sprechen innerhalb von Regeln ist wahrhaft menschlich: Es ist Sprache, Kommunikation, ein Weg, anderen zu begegnen und sich auf sie einzulassen. Auch darin, so legt Pater Pinckaers nahe, liegt eine „neue Art von Freiheit“. Wir leben innerhalb eines Regelgefüges, doch es steht uns frei, die Wörter zu wählen, aus denen unsere Sätze bestehen sollen. Das ist nicht die Freiheit, Fehler zu machen; es ist die Freiheit, Fehler zu vermeiden, ohne darüber nachdenken zu müssen. Es ist die Gewohnheit, die Tugend des guten und richtigen Sprechens.

Pater Pinckaers nennt dies die „Freiheit zur Vortrefflichkeit“, und diese Freiheit steht in scharfem Kontrast zu der Freiheit des „my way“ oder der Beliebigkeit.[4] Alles auf meine Art zu tun ist wie auf dem Klavier herumzuhämmern oder Kauderwelsch zu sprechen. Dinge auf die richtige Art zu tun ist Dinge auf die menschliche, die wahrhaft freie Art zu tun. Wir sind für die Freiheit geschaffen, gibt Pater Pinckaers zu bedenken. Wir sind für eine Freiheit geschaffen, die man lebt, indem man diejenigen Gewohnheiten des Geistes und des Herzens – die Tugenden – entwickelt, die uns helfen, unserem natürlichen Verlangen nach Glück, unserer natürlichen Disposition zum Guten zu entsprechen. Jeder Mensch, so Pinckaers, hat „grundlegende moralische Neigungen“ und ein „genuin moralisches Empfinden“, das „keine Verderbtheit [...] völlig zerstören kann.“ Im moralischen Leben zu wachsen heißt, unsere moralischen Gewohnheiten zu entfalten, damit wir fast schon instinktiv wissen und tun, was gut ist. Auf diese Weise werden wir zu jener Art von Menschen, die bei und mit Gott leben können, denn Gott ist ganz und gar und allein gut.

Wir müssen zur Freiheit erzogen werden. Durch diese Erziehung lernen wir, uns von dem angezogen zu fühlen, was wahrhaft gut, schön und beglückend ist. Die Moral der christlichen Freiheit ist keine bloße Pflichtmoral, sondern eine Anziehungsmoral. „Man wird nur frei, indem man besser wird", lautet ein alter katholischer Grundsatz. Und besser werden wir, indem wir jene innere Stimme, unser Gewissen, pflegen, die uns zum Guten und zum Schönen drängt – also zu dem, was unsere Liebe und unseren Einsatz wirklich wert ist.[5]

Das Gesetz, das befreit

Im moralischen Leben verhält es sich also ebenso wie beim Erlernen des Klavierspiels oder einer Sprache: Regeln binden und befreien gleichzeitig. Während seiner Pilgerreise zum Berg Sinai im Heiligen Jahr 2000 wies Papst Johannes Paul II. darauf hin, daß dies auch für die Zehn Gebote gilt.

Gottes Geschenk der Zehn Gebote am Berg Sinai ist eng mit Gottes Befreiung der Israeliten aus der ägyptischen Sklaverei verbunden. Der jüdischen Bibel zufolge war das Volk Israel 430 Jahre lang in Gefangenschaft gewesen, ehe Moses es aus der Sklaverei in die Freiheit führte. In über vierhundert Jahren kann ein Volk eine Vielzahl von Gewohnheiten – auch schlechten Gewohnheiten – annehmen. Als sie nach dem Exodus in der Wüste gegen Gott und gegen Moses murren, wird deutlich, daß das Volk Israel auch nach der Befreiung aus der ägyptischen Knechtschaft viele sklavische Gewohnheiten beibehalten hat. An gewissen Punkten ihrer Reise werden diese Gewohnheiten und die daraus resultierenden Haltungen so übermächtig, daß das Volk sich sogar danach sehnt, in die Sklaverei zurückzukehren: „Warum sind wir aus Ägypten weggezogen?" (Num 11,20).

Die Zehn Gebote waren ein moralischer Kodex, der den Israeliten gegeben wurde, damit sie nicht in die Gewohnheiten von Sklaven zurückverfielen. Gott wollte, daß die Befreiung Israels umfassend war: eine Befreiung von der harten Hand der ägyptischen Sklaventreiber und eine Befreiung von jenen Haltungen des Geistes und des Herzens, durch die sich das Volk letztlich an die Sklaverei gewöhnt hatte. Wenn die Israeliten auch weiterhin als freies Volk leben sollten, dann mußten sie ihre sklavischen Gewohnheiten ablegen und die Gewohnheiten freier Männer und Frauen annehmen. Sie mußten die Gewohnheiten – die Tugenden – der Freiheit erlernen.

Das ist der Zweck der Zehn Gebote. Die Zehn Gebote sind eine Elementarschule der Freiheit – einer Freiheit zum Guten und zum Glück, einer Freiheit im Einklang mit den Gesetzen, die befreien. Das sind die Grundlagen. Ohne sie ist weder das sittliche Leben noch irgendeine Art von echter Freiheit überhaupt möglich.

Die Zehn Gebote sind kein willkürlicher Grundstock von Verfügungen, sondern grundlegende moralische Regeln, die den menschlichen Durst nach dem Guten und das menschliche Verlangen nach Glück ernstnehmen. Als er im Heiligen Jahr 2000 zum Berg Sinai pilgerte, hob Papst Johannes Paul II. die Wahrheit hervor, daß die Zehn Gebote eben nicht die herrischen Erlasse irgendeiner außerweltlichen Gottheit, sondern ein befreiender Kodex waren, der uns alle davor bewahren soll, in die Gewohnheiten von Sklaven zu verfallen. „Die Begegnung zwischen Gott und Moses auf diesem Berg birgt im Herzen unserer Religion das Geheimnis befreienden Gehorsams“, so der Papst. „Die Zehn Gebote sind keineswegs willkürlich auferlegte Pflichten eines tyrannischen Herrn. Sie waren auf Stein geschrieben; aber bereits vorher waren sie als immerwährendes und überall gültiges universales Sittengesetz in das menschliche Herz eingeschrieben […] Sie bewahren den Menschen vor der zerstörenden Macht des Egoismus, Hasses und der Verlogenheit. Sie zeigen ihm alle falschen Götter, die ihn zum Sklaven machen: Gott ausschließende Eigenliebe, Machtgier und Vergnügungssucht, die […] unsere menschliche Würde und die unseres Nächsten erniedrigen." Die Befreiung, die diese zugleich bindenden und befreienden Regeln uns verheißen, ist eine ewige: „Wenn wir uns von […] falschen Idolen abwenden und jenem Gott folgen, der sein Volk befreit und es nie verläßt, dann werden wir wie Moses nach vierzig Tagen auf den Berg steigen, ‚strahlen in Herrlichkeit' und vom Licht Gottes erfüllt sein."

Für uns Christen, so folgerte Johannes Paul, vollzieht sich das Hören und Halten der Zehn Gebote in der Begegnung mit Jesus Christus. Christus erlöst uns zur wahren Freiheit. Auch Christus bindet und befreit gleichzeitig. Die, die an Christus und von Christus gebunden sind, sind sich bewußt, *„nicht äußerlich* durch unzählige Vorschriften gebunden zu sein, *sondern innerlich* durch jene Liebe, die in die geheimsten Winkel ihres Herzens gedrungen ist." Deshalb sind „die Zehn Gebote […] das Gesetz der Freiheit: jene[r] *Freiheit, das zu lieben und zu wählen, was in jeder Situation gut und richtig ist"*. Als Gott sich und sein Gesetz Moses offenbarte, offenbarte er Menschen die Wahrheit über das Menschsein. Die Zehn Gebote sind *„Mittelpunkt der Wahrheit vom Menschen und seiner Bestimmung."*[6] Den Zehn Geboten treu sein, dem Gott treu sein, der diese Gebote in das menschliche Herz und auf steinerne Tafeln geschrieben hat, heißt „sich selbst, der eigenen, wahren Natur und ihrem tiefsten und ununterdrückbaren Streben treu bleiben."[7]

Niemand will wirklich Sklave, das heißt den Launen einer willkürlichen äußeren Autorität ausgeliefert sein. Doch obwohl die Vorstellung der Sklaverei keinem von uns behagt, haben wir alle Neigungen, die uns zu Sklaven machen können. Deshalb gibt es in der heutigen Welt so viele Sklaven, auch wenn die Sklaverei per Gesetz abgeschafft worden ist.

Frei zu leben heißt, die sklavischen Gewohnheiten abzulegen, und genau dazu ist auch das Volk Israel am Berg Sinai aufgerufen worden. Gott in der rechten Weise anzubeten, die Eltern und die Heiligkeit des Lebens zu ehren, ehrlich und gerecht mit anderen umzugehen – das sind die Tugenden der

Freiheit, die Gewohnheiten freier Männer und Frauen. Und deshalb hat Gott sie in die Zehn Gebote aufgenommen – als Band, das uns zum Guten und zur Liebe befreit.

Das Gewissen und der Primat der Wahrheit

Sklavische Gewohnheiten abzulegen ist keine leichte Aufgabe. Jeder scheitert von Zeit zu Zeit; und manche scheitern häufig. Dieses Scheitern an der vortrefflich zu lebenden Freiheit ist es, was die katholische Kirche unter Sünde versteht. Sünde, so lehrt der *Katechismus der Katholischen Kirche,* ist „ein Mißbrauch der Freiheit", eine sklavische Angewohnheit, die unsere Fähigkeit schwächt, andere und Gott zu lieben.[8] Wenn wir diesen schlechten Angewohnheiten nachgeben, führt dies letztlich dazu, daß wir Gott als Einschränkung unserer Freiheit und nicht als die Quelle und Vollendung dieser Freiheit sehen.[9]

Satan, so lautet ein berühmter Ausspruch von G. K. Chesterton, „fiel infolge der Schwerkraft" – sein eigenes Gewicht zog ihn hinab.[10] Satan nahm sich selbst so ernst, daß er nicht mehr fähig war, irgend jemand anderen ernst zu nehmen, nicht einmal Gott. Satans Freiheit wurde nicht zur befreienden Öffnung, sondern zu einer entsetzlichen Last.

Die Versuchung, uns selbst allzu ernst zu nehmen, äußert sich oft darin, daß wir uns auf den „Primat des Gewissens" berufen. Diskussionen über das Gewissen verweisen nicht selten auf das Beispiel des englischen Staatsmanns und einstigen Lordkanzlers von England Thomas Morus, der im sechzehnten Jahrhundert lieber sterben, als sich dem Willen König Heinrichs VIII. unterwerfen wollte. Da man Thomas Morus heute meist aus Robert Bolts Theaterstück und Film *Ein Mann zu jeder Jahreszeit* kennt, soll uns ein kritischer Blick auf dieses hervorragende Drama helfen, die Wahrheit über Morus und die Wahrheit über das Gewissen herauszufinden.

In einem Vorwort zu seinem Stück schreibt Bolt, das, was die Welt am dringendsten benötige, sei „ein Selbstbewußtsein, das nicht auf Zauberkunststücke zurückgreifen muß“. Für Bolt war Morus deshalb ein Held, weil

> Thomas Morus [...] ein Mann mit einem glasklaren Gespür für sein eigenes Selbst [war]. Er wußte, wo er begann und wo er endete, welchen Bereich seiner selbst er den Ansprüchen seiner Feinde und welchen Bereich seiner selbst er den Ansprüchen derer überlassen konnte, die er liebte [...] Da er ein kluger Mann und ein hervorragender Anwalt war, konnte er sich in bester Ordnung aus diesen Bereichen zurückziehen, doch schließlich wurde er aufgefordert, sich auch aus jenem letzten Bereich zurückzuziehen, in dem sein Selbst Stellung bezogen hatte. Und genau an diesem Punkt wurde diese geschmeidige, humorvolle, umgängliche und kultivierte Person plötzlich zu Metall, wurde von einer absolut primitiven Starre ergriffen und ließ sich ebensowenig vom Fleck bewegen wie ein Felsblock.[11]

Das ist brillant und packend geschrieben. Doch mit Thomas Morus hat es nichts zu tun.

Ein Mann zu jeder Jahreszeit wurde in den frühen 1960er Jahren uraufgeführt, als der Existentialismus gerade intellektuelle Mode war. Bolts Morus hat etwas von einem existentialistischen Helden, der als Märtyrer stirbt, weil es sein Gespür für sein eigenes „Selbst“ verletzt hätte, sich König Heinrich VIII. zu beugen. Moralisch gesprochen war Morus ein Märtyrer des Gewissens. Und so stellt in einem der großen Dialoge dieses Stücks, das vor Brillanz und Schlagfertigkeit nur so strotzt, Morus’ Freund, der Herzog von Norfolk, die Frage, weshalb Sir Thomas den Forderungen des Königs nicht nachgeben kann, wie es so viele andere der Großen und Guten bereits getan haben: „Du kennst diese Männer! Kannst du nicht tun, was ich getan habe, und mit uns kommen – um der Freundschaft willen?“ Darauf erwidert Morus, bewegt von den Worten seines Freundes: „Und wenn wir vor Gott stehen, und du ins Paradies gesandt wirst, weil du deinem Gewissen gefolgt bist, und ich verdammt werde, weil ich nicht meinem Gewissen gefolgt bin, wirst du dann mit mir kommen – um der Freundschaft willen?“[12]

Das ist eine schöne Stelle, aber sie geht am Kern der Sache vorbei. Thomas Morus ist nicht für den „Primat des Gewissens“ gestorben – zumindest nicht, wenn wir damit den Primat seines autonomen und willkürlichen „Selbst“ meinen. Morus ist für die christliche Wahrheit gestorben. In seinem Apostolischen Schreiben, mit dem er den heiligen Thomas Morus im Heiligen Jahr 2000 zum Patron der Politiker und Staatsmänner ernannte, bezeichnet Papst Johannes Paul II. Morus' „Leidenschaft für die Wahrheit“ als „das Licht, das sein Gewissen erleuchtete“ und ihn die Wahrheiten lehrte, für die er starb: „Der Mensch darf sich nicht von Gott und die Politik nicht von der Moral trennen“.[13] Morus' Gewissen war nicht seine Privatangelegenheit, es war nicht „selbstgemacht“ und auch nicht in letzter Konsequenz seinem „Selbst“ verantwortlich. Vielmehr ist das Gewissen für Morus wie auch für Johannes Paul II. in der Enzyklika *Veritatis Splendor „Zeugnis von Gott selbst,* dessen Stimme und dessen Urteil das Innerste des Menschen bis an die Wurzeln seiner Seele durchdringen“.[14]

Damit ruft Gott uns über alle rationalen Berechnungen hinaus in das Reich der Freiheit, das das Reich der Liebe ist. *Ein Mann zu jeder Jahreszeit* gestaltet diesen Ruf in einer ergreifenden letzten Begegnung zwischen Morus und seiner Familie, die man in den Londoner Tower geschickt hat, um ihn zur Unterwerfung unter den Willen des Königs zu überreden. Dort ruft Morus' geliebte Tochter am Ende der Auseinandersetzung mit ihrem Vater schließlich aus: „Hast du nicht alles getan, was Gott vernünftigerweise *wollen* kann?“ Worauf Morus zögernd antwortet: „Nun … letztlich … ist es keine Frage der Vernunft; letztlich ist es eine Frage der Liebe.“[15]

Wahrheit ist schön. Wahrheit ist liebenswert. Moralische Wahrheit bindet und befreit zur gleichen Zeit. Von der Macht der Wahrheit erfaßt zu sein heißt, nicht von der reinen Vernunft, sondern von jener Wahrheit erfaßt zu sein, die Liebe ist. Laut Bolt fand Morus „etwas in sich selbst, ohne das das Leben wertlos war, und als ihm dies versagt wurde, war er imstande, seinen Tod ins Auge zu fassen.“[16] Dieses „Etwas“ war die Wahrheit Gottes in Christus.

An der Schwelle der Ewigkeit, den Henker an seiner Seite, fand Thomas Morus Halt im Primat der Wahrheit, denn sein Gewissen war von dieser Wahrheit geformt. Er starb nicht, um sein „Selbst“ zu verteidigen. Er starb aus Liebe, und christliche Liebe ist keine Selbstbehauptung, sondern Selbsthingabe.

Und das Mitleid?

Kurz bevor James A. Kardinal Hickey im Januar 2000 in den Ruhestand ging, brachte die *Washington Post* eine Titelstory über seine zwanzigjährige Amtszeit als Erzbischof von Washington. Der Artikel hob hervor, daß Kardinal Hickey ein Verteidiger der katholischen Morallehre und ein Mann von großer menschlicher Herzlichkeit und Mitmenschlichkeit gewesen sei. Irgendwie aber schien die Journalistin darin eine Spannung oder sogar einen Widerspruch zu sehen, denn an einer Stelle schrieb sie: „Wenn er jedoch die Doktrin außen vor ließ, war Hickey unbeirrbar in seinem Mitleid mit den AIDS-Kranken.“[17] In diesen sieben Worten ist ein ganzes Universum von Mißverständnissen enthalten: „Wenn er die Doktrin außen vor ließ …“ Kardinal Hickeys Mitleid mit den AIDS-Kranken war natürlich Teil seines Engagements für die katholische Lehre und nicht von diesem zu trennen. Er hatte Mitleid, *weil* er sich der kirchlichen Lehre verpflichtet fühlte, und nicht trotz dieser Tatsache.

Die Story in der *Post* stimmt jedoch mit der üblichen Linie überein, die den Katholizismus in politisch definierte Lager unterteilt: die von mitleidigen Liberalen und die auf die Sittenlehre fixierten Konservativen. Diese Kategorien sind hier, wie so oft, unangemessen, weil sie der Tatsache keinen Raum bieten, daß es dem Evangelium, das die katholische

Kirche lehrt, um die Wahrheit und nicht um Liberalismus oder Konservatismus geht. Die Christen sind ein Volk, dem Christus selbst in der Schrift und in der lebendigen Tradition der Kirche die Wahrheit über das Menschsein offenbart hat: daß wir von Gott kommen und für Gott bestimmt sind. Diese Glaubenswahrheit oder Glaubensregel bringt auch eine Lebensregel mit sich: nicht im Sinne einer unendlichen Reihe von Geboten und Verboten, sondern im Sinne eines gegebenen, unwandelbaren Maßstabs, an dem wir und unsere Treue zu dem gemessen werden, was uns durch die Gnade Gottes gelehrt worden ist. Dieser Maßstab ist Christus, in dessen Leben, Tod und Auferstehung wir den wahren Maßstab und die herrliche Bestimmung unseres Menschseins erkennen können.

Wenn die katholische Kirche unbeirrbar und unerschütterlich daran festhält, daß sie von einer Glaubensregel geprägt ist, die ihrerseits eine Lebensregel hervorbringt, dann hat das nichts mit Liberalismus oder Konservatismus zu tun. Diese Regel steht dem Mitleid nicht im Weg. Sie ist tatsächlich sogar die eigentliche Voraussetzung dafür, daß Mitleid überhaupt möglich ist. Denn wenn alles erlaubt ist – wenn es keine Lebensregel gibt, die uns befreit, und wenn es kein Ringen um Tugend und immer größere Güte gibt –, wozu sollte man dann Leid miteinander teilen und gemeinsam tragen?[18]

1993 fand in Rom eine Diskussion über die Enzyklika Johannes Pauls II. *Veritatis Splendor* statt. Ein einflußreicher Moraltheologe und Kritiker des päpstlichen Schreibens vertrat den Standpunkt, lieben heiße, „den anderen in dem zu bestätigen, was er seinem eigenen Selbstverständnis nach ist." Ein anderer Theologe erwiderte: „Und wenn sein Selbstverständnis falsch ist? Worin besteht dann meine Verpflichtung, ihn zu lieben?" Er erhielt keine Antwort.

Das war nicht weiter verwunderlich. „Andere in ihrem eigenen Selbstverständnis zu bestätigen" ist kein katholischer Standpunkt. Es ist ein Standpunkt unserer therapeutischen Gesellschaft, in der es keine Glaubens- und auch keine Lebensregel gibt. Wenn man dem Evangelium das Recht abspricht, eine Lebensregel aufzustellen, dann ist das kein Mitleid und vermag auch niemandem Heilung zu bringen. Erst die Sittenlehre – jene Lebensregel, die die Glaubensregel, nämlich Christus, verkörpert – macht echtes Mitleid möglich.

Ein Wort über die Beichte

Warum hat die katholische Kirche über die Jahrhunderte hinweg so großen Wert auf die individuelle Beichte gelegt? Warum besteht Papst Johannes Paul II. darauf, daß Katholiken ein Recht auf die private Ohrenbeichte haben? Warum hat die Beichte im spirituellen Leben der katholischen Kirche und im moralischen Denken der Katholiken traditionell eine so wichtige Rolle gespielt?

Die katholische Praxis der Beichte bei einem Priester hat nichtkatholische Christen schon immer überrascht. Nichtkatholische Christen fragen sich, ob es denn nicht genüge, seine Sünden dem lebendigen, auferstandenen Christus persönlich zu beichten. Und Nichtgläubige fragen sich wohl, ob es angemessen ist, sich gegenüber jemandem, der durchaus ein Fremder sein mag, seiner intimsten Geheimnisse zu entledigen. Wenn man zudem bedenkt, wie deutlich der Empfang des Bußsakraments in den vergangenen Jahrzehnten unter den Katholiken zurückgegangen ist, dann scheint die Beichte inzwischen auch für viele Katholiken ein Geheimnis zu sein. Inmitten einer um sich selbst kreisenden therapeutischen Kultur haben allzu viele Katholiken eine Praxis aufgegeben, die die heutige Therapiebesessenheit um Jahrhunderte vorweggenommen hat. Hunderte von Jahren, ehe die Therapeuten entdeckten, daß wir unsere Probleme beim Namen nennen müssen, wenn wir mit ihnen umgehen und sie lösen wollten, war dieses Wissen bereits für jeden guten Beichtvater – und jeden ernsthaften Pönitenten – eine Selbstverständlichkeit. Was ist geschehen?

Vielleicht wird uns die Weisheit dieser klassischen Praxis leichter zugänglich, wenn wir uns die Beichte nicht in einem rechtlichen, sondern in einem dramatischen Kontext vorstellen. Jedes christliche Leben besitzt, wie wir gesehen haben, die innere Struktur eines Dramas. Jedes christliche Leben und auch die Leben der Heiligen werden in der Spannung zwischen der Person, die ich bin, und der Person, die ich sein sollte, gelebt. Diese Spannung gibt unserem Leben eine gewisse innere Dramatik – und es gibt kein Drama, das ohne Dialog auskäme.

Die individuelle Beichte ist ein von der Kirche aufgezeigter Weg, diesen Dialog im Drama des christlichen Lebens auf eine zutiefst persönliche Weise zu entfalten. Deshalb sollte es bei der Beichte nicht einfach nur darum gehen, eine Liste mit Übertretungen herunterzurasseln, eine halbe Minute lang beraten und dann mit einer bescheidenden Buße entlassen zu werden. Als Dialog im Drama des christlichen Lebens stellt man sich unter der Beichte am besten ein echtes Gespräch zwischen Beichtvater und Beichtendem vor.

In diesem Gespräch betrachtet der Beichtende die einzigartigen Umstände seines oder ihres persönlichen Dramas und wird darin von einem Mitchristen unterstützt. Dieser Mitchrist, ein Priester, der in der Person Christi handelt, hilft dem Beichtenden, die dramatischen Spannungen zu benennen, in denen er oder sie lebt, die Normen des Evangeliums zu identifizieren, die sich auf das Leben innerhalb dieser Spannung beziehen, und mit Gottes Gnade zusammenzuarbeiten, um die Kluft zwischen der Person, die ich bin, und der Person, die ich sein sollte, zu schließen. Obwohl das Sakrament der Buße auch seine rechtlichen Aspekte hat (weil das moralische Leben moralische Gesetze beinhaltet), ist der Beichtstuhl nicht in erster Linie ein Tribunal. Er ist ein Ort der spirituellen Unterscheidung, weisen Beratung und des Gesprächs darüber, wie man in den Tugenden wachsen kann. Er ist ein Ort, um mit den eigenen Sinnen die Vergebung Christi zu erfahren – eine Erfahrung, die dem Beichtenden die Kraft gibt, in die Person hineinzuwachsen, die er sein sollte.

Die private, individuelle Beichte, bei der der Beichtende lernt, die dramatische Spannung zu benennen, in der er oder sie lebt, ist ein hervorragender Weg, tiefer in das einzigartige Drama des eigenen katholischen Lebens einzutreten. Die Lehre der Kirche über die Priorität der individuellen, privaten Ohrenbeichte ist kein störrisches Festhalten an einer Praxis, die nur aufgrund ihres ehrwürdigen Alters noch weiter gepflegt wird. Vielmehr behütet die Kirche auf diese Weise das Drama des christlichen Lebens und das Recht des einzelnen Christen, in diesem Drama von einem Mitgläubigen begleitet zu werden, den Christus und die Kirche dazu befugt haben, in Christi Namen und mit Christi Vollmacht Sünden zu vergeben und den Pönitenten mit Gott und der christlichen Gemeinde zu versöhnen.

Die innere Dramatik des Bußsakraments hat an Kraft verloren, weil man es in der katholischen Vergangenheit allzuoft auf eine Art spirituelles Massenprodukt reduziert hat. Und weil manche Moraltheologien lehren, daß einzelne Taten für die Beantwortung der Frage, wie Katholiken das Evangelium leben, verhältnismäßig irrelevant und folgenlos sind. Dieser Verwässerung des katholischen Lebens können wir entgegentreten, indem wir unser Gespür für das Drama des sittlichen Lebens und die Beichte als den wichtigsten Dialog in diesem Drama wiederentdecken.

6. Wie sollten wir lieben?

Sexualität als Geschenk feiern

Die Auffassung, die katholische Kirche sei einerseits prüde und andererseits sexbesessen, ist in der westlichen Welt heute tiefverwurzelt. Katholiken glauben es ebenso wie Nichtkatholiken. Die Massenmedien gehen ganz selbstverständlich davon aus. Es ist eben so – davon sind Millionen von Menschen überzeugt.

Doch es ist durchaus nicht so.

Den Mythos der katholischen Prüderie zu entlarven und die katholische Sexualethik als das zu würdigen, was sie wirklich ist – nämlich eine Bejahung der Sexualität als eines Geschenks –, heißt anzuerkennen, daß die Kirche selbst zu der Entstehung dieses Mythos beigetragen hat. In den ersten Jahrhunderten seines Bestehens wies das Christentum den manichäischen Irrglauben, daß die Welt in sich verdorben sei, entschieden zurück und nahm theologisch begründet gegen die Behauptung Stellung, sexuelle Liebe sei grundsätzlich böse. Die Kirche lehrte, daß die Herabwürdigung der Sexualität eine Leugnung der großen Wahrheit aus Genesis 1,31 sei: „Gott sah alles an, was er gemacht hatte: Es war sehr gut." Unglücklicherweise ging diese prinzipielle Bejahung der sexuellen Liebe als eines von Gott geschaffenen Guts im Lauf der Jahrhunderte häufig in einem Dornengestrüpp aus theoretischen Wirren und rechtlichen Verwicklungen verloren.

Der Katholizismus lehrte, daß die Ehe eine Berufung sei, zählte sie zu den sieben Sakramenten und betonte, daß die Brautleute, die ihre Liebe durch Zustimmung und sexuelle Intimität ausdrücken, sich dieses Sakrament gegenseitig spenden. Jahrhundertelang vertrat die Kirche jedoch auch eine Theorie von den „Zielen“ oder Zwecken der Ehe, die allzuoft zu einer Herabwürdigung der geschlechtlichen Liebe führte. Dieser Theorie zufolge war „der oberste Zweck“ von Ehe und Geschlechtsverkehr die Zeugung und Erziehung von Kindern. Die sexuelle Seite der ehelichen Liebe und die Bedeutung der Sexualität für die innige Bindung zwischen Mann und Frau wurden in einen Bereich verdammt, den diese alte Theorie als „Nebenzwecke“ bezeichnete und recht verschämt als „gegenseitigen Beistand der Ehegatten“ und „Heilmittel für die sinnliche Begierde“ beschrieb. Und dann war da noch die kirchliche Ehegesetzgebung, die die Ehe wie einen Vertrag behandelte. Auch sie trug mit ihrer eher unpersönlichen Sicht der Sexualität zu der weitverbreiteten Vorstellung bei, daß Sexualität für die katholische Kirche eher eine Frage von rechtlichen Verboten als von Liebe sei.

Die katholische Kirche hat nie offiziell gelehrt, daß geschlechtliche Liebe innerhalb des Ehebundes unweigerlich und in sich durch die Sünde verdunkelt sei, im Gegenteil: das alte Eheschließungsritual enthielt eine Unterweisung, in der die Neuvermählten wie folgt belehrt wurden: „Kein größerer Segen kann eurem Eheleben beschieden sein als reine, eheliche Liebe, die bis zum Ende treu und wahr ist.“ Und doch ist die Herabsetzung der sexuellen Liebe etwas, das viele Menschen einschließlich zahlreicher Katholiken von der katholischen Kirche gelernt haben.

Daher befand sich die Kirche gegenüber der sexuellen Revolution, die in den 1960er Jahren in der westlichen Mainstreamkultur ausbrach, in einer sehr schwachen Position. Bedenkt man außerdem das antiautoritäre Klima der damaligen Zeit, ist leicht einzusehen, daß die traditionelle kirchliche Ablehnung chemischer und mechanischer empfängnisverhütender Methoden 1968 entweder ignoriert oder in Bausch und Bogen als unsinnig und arrogant verworfen wurde. Daß die katholische Kirche die „Pille“ und den durch die Pille ermöglichten „befreiten“ Zugang zur Sexualität ablehnte, erinnerte viele allzu deutlich an den Fall Galileo und daran, daß die Kirche, auch lange nachdem diese Position wissenschaftlich unhaltbar geworden war, auf ihrem geozentrischen Weltbild bestand.

Zwei Generationen nach der sexuellen Revolution haben sich die Fragestellungen verändert. Hat die sexuelle Revolution die Voraussetzungen dafür geschaffen, daß rücksichts- und verantwortungslose Männer der alten männlichen Neigung nachgeben und Frauen als Objekte behandeln können, ohne ernsthafte Konsequenzen befürchten zu müssen? Ist infolge der allgegenwärtigen sexuellen Anspielungen in unserer Kultur das, was die sexuelle Revolution eigentlich hatte aufwerten wollen, billiger geworden? Hat die sexuelle Revolution jene Verbindlichkeiten unterhöhlt, die die Stabilität der Ehe garantieren? Was bedeuten hohe Scheidungsraten für eine Generation zerbrochener Familien und für die Gesellschaft? Verrät uns die Häufigkeit sexuell übertragener Krankheiten und letztlich auch die AIDS-Krise etwas Verstörendes über eine Kultur, die Sex als eine Art Kontaktsport behandelt? Ist ein Zugang zur Sexualität, der viele Menschen zu ewiger Unreife zu verdammen scheint, wirklich befreiend?

Wenn sie sich von dem manichäischen Schatten befreit, der sie seit Jahrhunderten verfolgt, kann die katholische Sexualethik dazu beitragen, daß sich die Verheißung einer von der Prüderie und zur Liebe befreiten Sexualität erfüllt. Seit seiner Zeit als junger Priester im Polen der 1950er Jahre lag hierin eine der pastoralen Prioritäten Papst Johannes Pauls II. Tatsächlich hegt der in sexuellen Fragen zu Unrecht als völlig altmodisch verschriene Johannes Paul II. eine hohe Wertschätzung für die sexuelle Liebe und ruft der sexuellen Revolution seit vier Jahrzehnten zu: „Die menschliche Sexualität ist größer als ihr denkt.“ Manche vertreten vielleicht sogar die Auffassung, daß der Papst eine zu hohe Meinung von der sexuellen Liebe habe. Ob das zutrifft oder nicht, können wir erst beurteilen, wenn wir herausgefunden haben, was er konkret zu diesem Thema zu sagen hat.

Karol Wojtyła, den die Welt seit Oktober 1978 als Papst Johannes Paul II. kennt, näherte sich der Frage der Sexualethik im Kontext seiner Tätigkeit als Universitätsseelsorger, Dozent und Beichtvater. Diese Erfahrungen lehrten ihn, daß die jungen Menschen, mit denen er arbeitete, eine moralische Theorie der Sexualität verdienten, die sie in ihrer Berufung zur geschlechtlichen Liebe bestätigte und zugleich in Worte gefaßt war, die für sie als moderne Männer und Frauen einen Sinn ergaben. Als treuer Priester war er davon überzeugt, daß die kirchliche Sexualethik, wenn man sie richtig verstand, wesentliche Wahrheiten für das menschliche Glück und Regeln enthielt, die uns helfen, in der geschlechtlichen Liebe zu wachsen. Und er wußte, daß diese Regeln als ein Wegweiser zur Fülle und Blüte des Menschseins verstehbar sein mußten, um in der modernen Welt der sexuellen Revolution akzeptiert zu werden. Die Kirche konnte sich in ihrer Sexualethik nicht länger allein auf ihre Autorität verlassen. Die Kirche mußte einen Entwurf vorlegen, sie mußte ihren Standpunkt begründen.

Genau das versuchte Karol Wojtyła in seinem ersten Buch *Liebe und Verantwortung*.[1] Das Buch beginnt nicht mit Regeln, sondern mit einer Vision von einem guten, erfüllten und blühenden Menschsein. Wie, so fragt der Verfasser, werden wir in unserer Liebe so verantwortungsvoll, daß unsere sexuelle Liebe ein Ausdruck echter Freiheit ist? Wie wird unsere Liebe das, was sie sein sollte – eine voll und ganz menschliche Liebe?

Der Ausgangspunkt für die Auseinandersetzung mit der Ethik der geschlechtlichen Liebe, gibt Wojtyła zu bedenken, ist die grundlegende moralische Wahrheit, daß kein Mensch einen anderen für seine eigenen Zwecke benutzen darf – weder, um sich selbst zu bereichern, noch, um sein Ego zu befriedigen, noch um der Macht noch um des Vergnügens willen. Der Imperativ, andere nicht zu benutzen, ist die moralische Grundlage der Freiheit, so Wojtyła. Nur wenn wir auf der Grundlage dieser sittlichen Wahrheit leben, können wir uns frei und großzügig auf andere einlassen und mit ihnen interagieren, ohne sie zu manipulierbaren Objekten herabzuwürdigen. Wenn zwei Freiheiten einander im Streben nach etwas begegnen, das beide für gut halten – wenn beispielsweise meine Freiheit und Ihre Freiheit sich im gemeinsamen Streben nach Wissen oder Liebe begegnen –, dann können beide sagen: „Ich benutze dich nicht“ und: „Du benutzt mich nicht.“ Das gilt für alle menschlichen Beziehungen, aber vor allem gilt es für die Liebe. Denn Liebe ist die Begegnung zweier Freiheiten – meiner Freiheit und Ihrer Freiheit –, die sich selbst an einen anderen verschenken wollen, der diese Freiheit als geschenktes Selbst annehmen wird. Mit anderen Worten: Lieben ist das Gegenteil von Benutzen.[2]

Wenn wir die sexuelle Liebe einfach nur als Ausdruck persönlicher Autonomie und einer „auf meine Art“ geübten Freiheit verstehen, dann wissen wir zwar vielleicht einiges über die biologischen Tatsachen des Lebens, übersehen aber etwas Entscheidendes, was die moralischen Tatsachen des Lebens betrifft. Jeder weiß, daß man kein guter Mensch werden kann, wenn man sich von den anderen absondert. Nichts anderes aber tun wir, wenn wir andere als Objekt zum sexuellen Lustgewinn benutzen, selbst wenn dieser Lustgewinn auf Konsens und Gegenseitigkeit beruht. Wir können „Liebe machen“, ohne zu lieben, und wenn wir das tun, bleiben wir auf essentielle, quälende Weise allein.

In einer Sexualethik, die uns dazu aufruft, einander nicht zu benutzen, sondern einander zu lieben, ist Sex nichts, das einfach „passiert“, sondern eine Erfahrung, die unsere Menschenwürde vertieft und unsere Freiheit miteinbezieht. Sex, der einfach passiert, mag uns zwar vorübergehend erregen, ist jedoch entmenschlichter Sex. Sex, in dem sich die Liebe zweier Menschen ausdrückt – Sex, der die Begegnung zweier Freiheiten in gegenseitiger Hingabe und Annahme ist –, *ist* und *macht* voll und ganz menschlich.

In *Liebe und Verantwortung* schreibt Wojtyła, daß ein wahrhaft menschlicher Akt sexueller Liebe sich nicht nur an den Körper, sondern an die Person des anderen richtet. Das Ziel eines genuin menschlichen sexuellen Sich-Ausdrückens ist die Vertiefung einer persönlichen Beziehung. Die Tatsache, daß man einander sexuelle Lust schenkt, trägt zu dieser Vertiefung bei. Indem ich mich einer anderen Person in Freiheit und als Ausdruck meiner Liebe sexuell hingebe, bin ich auf die radikalste mögliche Weise ich selbst. Ich schenke mich einem anderen und bringe dabei zutiefst intim zum Ausdruck, wer ich bin. Diese Art von Geschenk und die Fähigkeit, es anzunehmen, erfordern Beständigkeit und Verbindlichkeit. One-Night-Stands oder Beziehungen mit offenem Ende können diese gegenseitige Selbsthingabe und Empfänglichkeit nicht gewährleisten. Ohne diese zutiefst menschlichen Merkmale ist sexuelle Liebe keine wirkliche Liebe. Bloße Anziehung kann aus eigener Kraft nicht zur Liebe werden. Anziehung muß sich binden, wenn das, was auf körperlicher Ebene mit Sex ausgedrückt wird, die Wahrheit über die Liebe sein soll. Das ist die zutiefst humane Grundlage der moralischen Wahrheit, daß sexuelle Liebe innerhalb des ehelichen Bundes ausgedrückt werden muß.

Vor diesem Hintergrund und im Kontext der katholischen Vision eines erfüllten Menschseins ist Keuschheit keine bloße Auflistung von Verboten. Keuschheit ist das, was Karol Wojtyła als „die Unversehrtheit der Liebe“ bezeichnet hat. Keuschheit ist die Tugend, die mich in die Lage versetzt, einen anderen als Person zu lieben. Deshalb ist keusche sexuelle Liebe (und das ist *kein* Widerspruch in sich) ekstatische sexuelle Liebe im ursprünglichen Sinn des griechischen Wortes „Ekstase“: „außer sich sein“. In der keuschen, verbindlichen sexuellen Liebe gebe ich meine emotionale Mitte – mich selbst – in die Obhut eines anderen. Wir sind frei geschaffen, und deshalb können wir frei übereinander verfügen und uns an andere verschenken. Das ist der Eckpfeiler des sittlichen Lebens, wie die katholische Kirche es versteht. Weil wir frei geschaffen sind, können wir frei lieben – und frei lieben heißt wahrhaftig und menschlich lieben. Das ist die moralische Wahrheit, von der unser Sexualleben getragen sein sollte.

Freiheit, nicht Verbot, ist der Rahmen einer authentisch katholischen Sexualethik. Lieben oder Benutzen – das ist das Gegensatzpaar und die moralische Frage, die die sexuelle Revolution aufgeworfen hat.

Was Sex über Gott aussagt

Auch als Papst dachte Karol Wojtyła weiter über das Geflecht von Fragen nach, die sich im Zusammenhang mit der menschlichen sexuellen Liebe ergeben. Ganze 129mal nutzte er in seinen ersten fünf Jahren als Bischof von Rom die Ansprache während der Generalaudienz, um seine Analyse der Sexualität auf der Grundlage einer faszinierenden und anspruchsvollen Auslegung wichtiger Bibeltexte zu vertiefen, die sich auf dieses Thema beziehen. In diesen Ansprachen lehrt Johannes Paul II., daß unsere Sexualität wichtige Wahrheiten nicht nur über uns, sondern auch über Gott offenbart. Sich mit dieser Analyse, die der Papst seine *Theologie des Leibes*[3] nennt, auseinanderzusetzen, ist harte Arbeit, doch die Sexualität ist nun einmal eine komplizierte Angelegenheit. Das umfassendste Bild von der heutigen katholischen Sexualethik erhält man, wenn man sich gründlich mit der *Theologie des Leibes* von Johannes Paul II. befaßt.

In seiner ersten Reihe von Audienzansprachen über das Buch Genesis stützt sich Johannes Paul II. auf die bekannte Geschichte von Adam und Eva (Gen 2–3) und fragt, was sie uns über das Mannsein und das Frausein, über Gottes Pläne mit der Welt und mit uns verrät. In dieser Hinsicht lehrt uns die Schöpfungsgeschichte zunächst einmal, daß unser Leib untrennbar mit unserer Identität verbunden ist. Der Leib ist nicht nur eine Maschine, in der ich zufällig wohne. Der Leib, durch den ich mich ausdrücke, zu anderen in Kontakt trete und Entscheidungen umsetze, ist für die Frage, wer ich bin, nicht belanglos. Aufgrund unserer Leiblichkeit leben wir als Personen und nicht nur als Individuen.

Diese Wahrheit wirft ein Licht auf die biblische Lehre, daß Gott Mann und Frau „als sein Abbild, ihm ähnlich" geschaffen hat (vgl. Gen 1,26). Wir sind Gott nicht nur darin ähnlich, so Johannes Paul, daß wir denken und entscheiden, sondern auch darin, daß wir uns anderen hingeben – daß wir in Gemeinschaft mit anderen leben können. So erfolgt die „‚endgültige' Schöpfung des Menschen", wie der Papst schreibt, erst, als Gott Eva erschafft und Adam sie als menschliches Geschöpf erkennt, das ihm gleich und doch anders ist.[4] Im Buch Genesis macht diese Entdeckung Adam überglücklich. In Gemeinschaft mit Eva lernt er, daß die Einsamkeit des Menschseins in diesem mysteriösen Prozeß – jemand anderen zu lieben – überwunden wird, der ihn wahrhaft mit einem anderen Menschen eint, ohne daß er darüber sich selbst verliert. In der echten Liebe, in der echten Hingabe meiner selbst an einen anderen, die durch die Liebe dieses anderen erwidert wird, bleibt meine eigene Identität nicht nur intakt, sondern wird sogar verstärkt.

Dieser Rhythmus des Gebens und Empfangens lehrt uns etwas Entscheidendes über uns selbst. Und er lehrt uns etwas Entscheidendes über Gott. Wir werden „im Augenblick der Gemeinschaft", so Johannes Paul, „zum Abbild Gottes", denn die Gemeinschaft mit dem anderen stillt das ganz grundlegend mit unserem Personsein im Menschen angelegte Bedürfnis, sich selbst hinzugeben und einen anderen aufzunehmen.[5] Dieses grundlegende Geben und Empfangen ist ein Bild vom inneren Leben Gottes, der eine Dreieinigkeit von Personen ist. Und es ist ein Bild der schöpferischen Liebe Gottes, denn die geschlechtliche Liebe von Mann und Frau trägt das Geschenk der Fruchtbarkeit in sich. Wie Gott die Welt durch einen Akt der liebenden Selbsthingabe erschafft, so bringen die Menschen durch die Selbsthingabe der sexuellen Intimität die menschliche Zukunft zur Welt.

Schon ganz zu Beginn der Menschheitsgeschichte ist die Erschaffung von Menschen als leibhafte Personen – Mann und Frau, die unterschiedlich, aber beide voll und ganz Mensch sind – eine sakramentale Wirklichkeit. Unsere

Leibhaftigkeit als Mann und Frau macht das Unsichtbare sichtbar. Mannsein und Frausein sind eine weitere Spur der Engel, ein weiteres Zeichen der Transzendenz. In den Schöpfungsgeschichten des Buches Genesis begegnen wir erneut der außergewöhnlichen Seite des Gewöhnlichen – in diesem Fall durch unsere Leibhaftigkeit und durch unsere Geschlechtlichkeit.

Warum aber „schämten" sich Adam und Eva ihrer Nacktheit? Diese Scham, bemerkt der Papst, fühlten sie nicht, als sie in gegenseitiger Selbsthingabe lebten – als sie ihre Freiheit auslebten, indem sie sich verschenkten. Die „Ursünde", die die Scham hervorruft, besteht darin, den anderen als ein Objekt, als etwas zu benutzen. Das ist nicht deshalb eine Sünde, weil Gott es willkürlich dazu erklärt hätte, sondern weil es die in uns als Männer und Frauen hineingeschriebene Wahrheit unseres Menschseins verletzt, den anderen zu benutzen, statt ihn zu lieben. Die Fülle des Menschseins, so lehrt uns das Buch Genesis, hängt nicht von unserer Selbstbehauptung, sondern von unserer Selbsthingabe ab. Diese große Wahrheit spiegelt sich in der gegenseitigen Hingabe der sexuellen Liebe.

Im zweiten Teil seiner *Theologie des Leibes* greift Johannes Paul einen Text auf, der die Christen aller Jahrhunderte immer wieder beunruhigt. In der Bergpredigt, jener Charta des christlichen Lebens, in der Christus Glück und Glückseligkeit beschreibt, sagt Jesus: „Ihr habt gehört, daß gesagt worden ist: Du sollst nicht die Ehe brechen. Ich aber sage euch: Wer eine Frau auch nur lüstern ansieht, hat in seinem Herzen schon Ehebruch mit ihr begangen" (Mt 5,27–28). Liegt hier die Meßlatte nicht unglaublich hoch (für Frauen ebenso wie für Männer, da diese Versuchung natürlich auf beiden Seiten besteht)? In der Interpretation des Papstes ist dieser Text ein Schlüssel zu einem humanen Verständnis unserer Sexualität und der Ethik der Liebe.

Die Ursünde, so hat Johannes Paul bereits erklärt, ist die Verzerrung der Selbsthingabe, die zur Selbstbehauptung wird: etwas nicht mehr auf die richtige, sondern auf meine

Weise zu tun. Das ist Lüsternheit oder Begehrlichkeit. Begehrlichkeit ist das Gegenteil echter Anziehung. Wenn ich mich wirklich zu jemandem hingezogen fühle, dann gebe ich mich hin, weil ich das Beste für diesen Menschen will. Begehrlichkeit dagegen ist ein Verlangen nach einem flüchtigen Vergnügen, das ich mir verschaffe, indem ich den anderen gebrauche oder sogar mißbrauche. Wenn ein Mann eine Frau oder eine Frau einen Mann nicht sehnsüchtig, sondern lüstern ansieht, dann ist der oder die andere keine Person mehr; er oder sie ist ein Objekt, etwas, mit dem ich ein vorübergehendes Bedürfnis befriedige. In einer solchen Beziehung kann es weder Geben noch Empfangen noch Gemeinschaft geben.

Die katholische Sexualethik, so der Papst, erlöst die sexuelle Liebe aus der Falle der Begehrlichkeit. Erotik ist im Katholizismus nicht verboten. Vielmehr befreit der Katholizismus die Erotik zu einer, wie Johannes Paul es nennt, „vollen und reifen Spontaneität", in der sich die uralte Anziehung zwischen den Geschlechtern in der gegenseitigen Hingabe und der gegenseitigen Bestätigung der Würde des jeweiligen Partners erfüllt.[6] Die katholische Sexualität hat es nicht darauf angelegt, das Verlangen auszumerzen. Sie versucht vielmehr, unser Verlangen „vom Herzen her" zu kanalisieren, wie Johannes Paul es formuliert, so daß das Verlangen zu seiner wahren Erfüllung gelangt – der Gemeinschaft von Mann und Frau als Abbild Gottes in sich selbst und im Verhältnis zur Welt.[7] Die Herausforderung besteht nicht einfach in der Selbstkontrolle (einer psychologischen Kategorie), sondern in der Selbstbeherrschung (einer moralischen Kategorie): der Selbstbeherrschung, dank deren ich mich auf intime Weise einer anderen Person so hingeben kann, daß ich diese geliebte Person in ihrem Geben und Empfangen bestätige und aufwerte.

Als das gelebt, was die Seligpreisungen die „Reinheit des Herzens" nennen, ist die sexuelle Liebe somit ein Weg, die Welt zu heiligen. In einer Gemeinschaft des Gebens und Empfangens zu leben ist nicht nur befriedigend, sondern heiligend, und in dieser Heiligkeit spiegelt sich die Heiligkeit Gottes.[8]

In der dritten Reihe seiner Mittwochskatechesen, in denen er seine *Theologie des Leibes* dargelegt hat, führt Johannes Paul dieses Thema noch weiter. Die Ehe, so schreibt er dort, ist das „älteste Sakrament", weil die Ehe von Anfang an als gewöhnliche Wirklichkeit die außergewöhnliche Wahrheit offenbart, daß Gott die Welt in einem Akt der Liebe erschaffen hat.[9] Für den Christen, so fährt Johannes Paul II. fort, ist die Ehe auch ein Sakrament oder eine Ikone unserer Erlösung. Seit neutestamentlicher Zeit hat die Kirche in der ehelichen Liebe zwischen Mann und Frau ein tiefes Bild für die Liebe Christi zu seiner Kirche erkannt. Die Liebe Christi zu seiner Kirche ist keine Gunst und auch kein Besitzerstolz. Die Liebe Christi zu seiner Kirche ist eine bräutliche Liebe. Die geschlechtliche Liebe innerhalb der Ehe gewinnt durch dieses Bild eine neue Bedeutungsintensität. Denn die bräutliche Liebe, so gibt der Papst in Anlehnung an den heiligen Paulus zu bedenken, ist diejenige menschliche Wirklichkeit, die die Beziehung zwischen dem Erlöser Christus und dem von ihm erlösten Volk am besten widerzuspiegeln vermag.[10]

Zum Abschluß dieser katechetischen Reihe trifft Johannes Paul seine kühnste Aussage über die wahre Bedeutung der geschlechtlichen Liebe. Geschlechtliche Liebe innerhalb des ehelichen Bundes ist, so schreibt der Papst, ein gottesdienstlicher Akt. Eheliches Leben wird liturgisch, wenn die intime „Sprache des Leibes [...] zur Sprache der Liturgie", zu einer Erfahrung des Heiligen, zu einer Erfahrung dessen wird, was Gott „von allem Anfang an" für die Welt und für uns beabsichtigt hat.[11]

Damit sind wir so weit von der angeblichen katholischen Sexualitätsfeindlichkeit entfernt, wie es nur geht.

Zu viel verlangt?

Ist die von Johannes Paul II. vorgelegte *Theologie des Leibes* – die kraftvollste aktuelle Darstellung der Grundlagen der katholischen Sexualethik – unrealistisch, weil viel zu anspruchsvoll? Erfahrene Ehepaare wissen, daß die geschlechtliche Liebe auch innerhalb einer treuen und fruchtbaren Ehe manchmal alles andere als ekstatisch ist. Zuweilen ist sie eher banal.

Der Papst, der Zehntausende von Stunden im Beichtstuhl und mit der Beratung verheirateter Paare zugebracht hat, weiß das ganz sicher auch. Dennoch vertritt er die Auffassung, daß die geschlechtliche Liebe auch in unseren weniger erhebenden Liebesmomenten nach Ekstase streben und auf sie verweisen soll. Der Durst nach dem Ekstatischen – der nichts anderes ist als die Sehnsucht nach Gott – ist mit unserer Geschlechtlichkeit in uns angelegt. Dies zu leugnen hieße, eine äußerst wichtige Wahrheit über uns selbst und über unser Lieben zu leugnen.

Und außerdem: was für eine Alternative gibt es? Ein als Kontaktsport betriebener Sex ist weder menschlich noch human. Ein als Kontaktsport betriebener Sex unterscheidet sich kaum von tierischer Sexualität, die eine instinktive und unpersönliche Bedürfnisbefriedigung ist. Die sexuelle Befreiung sollte sicherlich mehr zu bieten haben als das.

In seiner *Theologie des Leibes* hat Johannes Paul II. den vorrangigen Anspruch der sexuellen Revolution ernstgenommen – und dann den Einsatz erhöht. Eine echte katholische Sexualethik, die in den Rahmen der bemerkenswerten Aussage des Papstes eingespannt ist, daß unsere sexuelle Liebe eine Ikone des Lebens Gottes selber ist, bietet der Welt eine radikale Sicht der menschlichen Sexualität. Diese Lehre gibt Katholiken (und anderen Christen und im Grunde allen, die glauben, daß das Menschenbild des Buches Genesis tiefe Wahrheiten in sich birgt) ein spirituelles und moralisches Gerüst, um die Berufung zur sexuellen Liebe zu verstehen und erfüllt zu leben.

Dieses Verständnis von Liebe und Sexualität bietet uns die Möglichkeit einer seriösen Auseinandersetzung mit den Fragen, die sich in diesem Zusammenhang ergeben.

Die katholische Lehre zu Fragen der Sexualmoral ist nur dann nachvollziehbar, wenn man die Überzeugung der Kirche berücksichtigt, daß es eine Berufung zur geschlechtlichen Liebe gibt, die wie jede andere christliche Berufung verstanden werden muß: nämlich als ein Mittel, das Gesetz des Schenkens, den Ruf zur Selbsthingabe zu leben, der in jedes menschliche Herz hineingeschrieben ist. Die Berufung zur geschlechtlichen Liebe ist einer der Wege, auf denen Christen zu jener Art von Menschen werden, die auf ewig bei Gott leben können.

Wenn wir die Sexualethik in den größeren Kontext einer genuin humanen Ethik, einer Ethik der Glückseligkeit, einordnen, dann heißt die erste moralische Frage nicht mehr: „Was darf ich nicht tun?“, sondern: „Wie lebe ich ein Leben der geschlechtlichen Liebe, das meiner Würde als menschliche Person entspricht?“ In diesem Kontext der menschlichen Würde kann man bestimmte Dinge, die den Sex in seiner wahren Bedeutung mißbrauchen, einfach nicht tun, sondern muß sie vermeiden, weil sie unsere Würde herabsetzen und die Gemeinschaft der Personen verletzen, die durch die keusche sexuelle Liebe gestärkt werden soll.

Wenn sexuelle Liebe ein Ausdruck des Gebens und des Empfangens zwischen Personen ist, die einander ein tiefgehendes Versprechen gegeben haben, dann verletzt *vorehelicher Geschlechtsverkehr* die Würde und Integrität der Liebe. Christen, wie es ein Moraltheologe einmal treffend formuliert hat, machen erst Versprechungen, und dann Liebe – und ein ernsthaftes Versprechen von der Art, um die es bei der vollständigen Selbsthingabe der sexuellen Liebe geht, ist weder vergänglich noch wiederholbar. *Selbstmißbrauch* oder Masturbation ist sexueller Solipsismus und verletzt daher die Integrität der Person und die Integrität der Liebe. Wenn Liebe mit selbstsüchtigem Vergnügen verwechselt wird, verkümmert unsere Fähigkeit, uns dem anderen in wahrer Liebe zu schenken. *Pornographie* ist ein Mißbrauch sexueller Ausdrucksformen, der andere Menschen auf Objekte reduziert, die der Befriedigung des Zuschauers dienen. In der trügerischen Welt des pornographischen Sex, die vor allem die Frauen zu Opfern macht, kann niemand die Tugenden liebender Selbsthingabe erlernen. *Vergewaltigung* ist heutzutage das deutlichste Beispiel dafür, was die Kirche meint, wenn sie lehrt, daß manche Handlungen „in sich böse" sind und durch keine Kombination aus Umständen und Absichten jemals gerechtfertigt werden können. Die gewaltsame Verletzung der sexuellen Intimität einer anderen Person ist vielleicht der schwerste vorstellbare Angriff auf die menschliche Würde überhaupt; es ist de facto eine Form der Folter. Durch ihre bloße Niedertracht veranschaulicht die Vergewaltigung eben die Wahrheit, die sie leugnet: Wahrhaft menschliche geschlechtliche Liebe ist immer liebende Selbsthingabe zwischen freien Menschen.

Empfängnisverhütung

Empfängnisverhütung ist seit Jahrzehnten ein heftig umstrittenes Thema innerhalb der katholischen Kirche und zwischen der katholischen Kirche und der Welt. Einige Klarstellungen darüber, was die katholische Kirche *nicht* lehrt, können Aufschluß darüber geben, welche Methode die Kirche für angemessen hält, wenn es darum geht, das Geschenk der Fruchtbarkeit zu regulieren.

Eine Ideologie der Fruchtbarkeit um jeden Preis lehnt der Katholizismus ab. Die katholische Kirche lehrt, daß alle verheirateten Paare zu einer „verantwortungsvollen Elternschaft" berufen sind, bei der es nicht einfach darum geht, die Geburt weiterer Kinder zu vermeiden, sondern darum, den Aufbau einer Familie klug zu planen. Wie Johannes Paul II. geschrieben hat, wird die Entscheidung der Ehepartner darüber, wie viele Kinder sie verantwortungsvoll großziehen können, mit einem gut gebildeten Gewissen „vor Gott" getroffen. Diese Entscheidung, so fügt der Papst hinzu, kann dem Paar nicht durch irgendeine Instanz – etwa einen Regierungsausschuß – abgenommen werden. Es kann moralisch zwingende Gründe dafür geben, der Fruchtbarkeit Grenzen zu setzen oder letztlich doch mehr Kinder zu bekommen, als das Paar es vielleicht anfangs für angemessen gehalten hatte.[12]

Die katholische Kirche lehrt mit anderen Worten, daß Familienplanung eine moralische Verantwortung ist. Dabei geht es nicht um die Frage, *ob* die Eheleute ihre Familie planen, sondern *wie* sie diesen Plan umsetzen sollen. Welche Methode der Fruchtbarkeitsregulierung und der verantwortungsvoll gelebten Elternschaft ist am besten geeignet, die menschliche Würde der Eheleute zu wahren und dem sakramentalen Charakter der ehelichen Liebe als wechselseitiger Hingabe und Aufnahme gerecht zu werden? Im Kontext dessen, was der Katholizismus über die geschlechtliche Liebe lehrt, nimmt man seine Fortpflanzungsverantwortung auf humanere Weise wahr, wenn man die Fruchtbarkeit mit Hilfe der natürlichen Rhythmen des Leibes reguliert, als wenn man die Empfängnis auf chemische oder mechanische Weise verhütet. Sich nach dem Rhythmus des Leibes zu richten, respektiert den göttlichen Schöpfungsplan und ehrt die Wahrheit, daß Mann und Frau, wie der Papst es formuliert, in der Ehe „Diener des Plans“ sind, der Liebe und die Weitergabe des Lebens untrennbar miteinander verbindet.[13] In einer Kultur, in der „natürlich“ zu einem der heiligen Wörter der weltlichen Gesellschaft geworden ist, verdient eine solche Überzeugung mehr als nur ein verächtliches Schulterzucken; sie verdient es, daß man sich ernsthaft mit ihr auseinandersetzt.

Wer das tut, erlebt eine Überraschung. Nehmen wir zum Beispiel das folgende Zeugnis einer frischverheirateten Frau:

> Natürliche Familienplanung [NFP] ist nicht die zu Recht verlachte Rhythmus-Methode, die darin besteht, ungefähr zu erraten, wann die Frau ihren Eisprung erwartet, und sich dann ein paar Tage um Tag vierzehn ihres Zyklus

herum in Enthaltsamkeit zu üben. Die komplette Methode beinhaltet die Aufzeichnung der Aufwachtemperatur der Frau, Veränderungen des Zervikalschleims und die Position des Gebärmutterhalses. Zusammengenommen geben diese Fruchtbarkeitssignale der Frau einen Hinweis darauf, wann ihr Körper fruchtbar ist …

> Befürworter dieser Methode führen mehrere Vorteile an: eine verstärkte Kommunikation zwischen den Partnern, das Ausbleiben von Nebenwirkungen durch Medikamente oder Latex und höhere Wirksamkeitsraten als Barrieremethoden (NFP hat, wenn man sie richtig anwendet, eine Effektivität von über 98 %). Wir stellten fest, daß dies alles zutraf, und mein Mann […] und ich sind uns einig, daß NFP eine der besten Entscheidungen ist, die wir in unserer Ehe getroffen haben.

> Doch der eigentliche Wendepunkt kam für mich, als ich Monat für Monat beobachtete, wie meine Temperatur stieg und sank und meine Hormone in perfekter Harmonie zusammenarbeiteten. Ich hatte ja nicht geahnt, daß ich so schön bin. Ich war den Tränen nahe, als ich eines Tages auf meine Tabelle schaute und dachte: „Ich bin wirklich ein Wunderwerk." Meine Fruchtbarkeit ist keine Krankheit, die behandelt werden muß. Sie ist ein wunderbares Geschenk. Ich bin ein wunderbares Geschenk.[14]

Aus katholischer Sicht wachsen Paare in ihrer Liebe, und dieser Wachstumsprozeß beinhaltet sexuellen Ausdruck und sexuelle Enthaltsamkeit, sexuelle Ekstase und sexuelle Askese. Daß es in diesem Wachstumsprozeß auch Mißerfolge geben wird, sollte man nicht eigens erwähnen müssen. Deshalb erinnert die Kirche ihre Beichtväter daran, daß die Barmherzigkeit Christi auch die schwierigsten Situationen verwandeln kann; sie lehrt sie, konkrete Probleme der Sexualmoral im Kontext des Glaubens und der Herausforderung zu erörtern, daß das Leben als Geschenk gelebt sein will; und sie fordert sie auf, diejenigen, die Probleme mit der Lehre der Kirche haben, zu ermutigen, damit sie nicht verzagen. Gewiß soll der Priester den Beichtenden dazu ermuntern, die Keuschheit der geschlechtlichen Liebe in ihrer ganzen Fülle zu leben, doch eine 1997 erschienene Instruktion des Vatikans rät den Beichtvätern in aller Welt: „Der Beichtvater soll es vermeiden, mangelndes Vertrauen in die Gnade Gottes oder in die Bereitwilligkeit des Pönitenten zu bekunden, und wird es daher unterlassen, absolute Garantien über das zukünftige untadelige Verhalten zu fordern, zumal diese nicht menschenmöglich sind".[15] Wenn der Beichtvater in diesen Fragen irgendwelche Zweifel hat, soll er die Vergebung Christi und der Kirche weder aufschieben noch verweigern.[16]

Scheidung

Über die Scheidung ist in der gesamten Geschichte des Christentums immer wieder heftig und sogar erbittert gestritten worden. Die unwandelbare katholische Lehre von der Unauflöslichkeit der Ehe, die so oft in rechtlicher Form dargelegt und erfahren wird, hat eine tiefe theologische Wurzel. Wie wir gesehen haben, ist die Ehe aus katholischer Sicht ein Spiegel der Schöpfungs- und Erlösungsabsichten Gottes. Wenn eine sakramentale Ehe, eine ikonenhafte Vergegenwärtigung der schöpferischen und erlösenden Liebe, unauflöslich ist, dann müssen wir folgern, daß dies auch für Gottes Liebe zur Welt und für Christi Liebe zu seiner Kirche gilt.[17] Das ist keine Antwort auf die Frage, was eine sakramentale und daher unauflösliche Ehe ausmacht, aber es zeigt doch, wie ernst diese Frage ist und was dabei auf dem Spiel steht.

Eine „Annullierung" – eine rechtliche Erklärung, daß es niemals eine sakramentale Ehe gegeben hat – erlaubt das Kirchenrecht in solchen Fällen, wo gezeigt werden kann, daß der eine oder der andere oder beide Ehepartner der Ehe nicht aus freiem Willen und in vollem Wissen um die damit verbundenen Pflichten zugestimmt haben.[18] Diese Praxis stellt diejenigen nicht zufrieden, die glauben, daß ihre erste Ehe zwar gültig gewesen, aber gescheitert und nicht wieder zu reparieren ist. Und sie ist unbefriedigend für jene Männer und Frauen, die nach einer zivilrechtlichen Scheidung zum zweiten Mal kirchlich heiraten wollen, jedoch nicht in der Lage sind, die Beweise beizubringen, die nach Kirchenrecht zu einer Annullierung ihrer ersten Ehe führen würden. Bischöfe und Priester in der ganzen katholischen Welt ringen mit diesen Fragen. In einer Welt, die an die Vorstellung gewöhnt ist, daß es für jedes Problem eine rechtliche Lösung gibt, mag es so scheinen, als müsse es innerhalb des Kirchenrechts einen Ausweg geben. Vielleicht ist das unmöglich. Joseph Kardinal Ratzinger hat angeregt, in rechtlich nicht lösbaren Fällen (wenn beispielsweise ein erster Ehepartner die Beweise, die zu einer Annullierung führen könnten, böswillig verweigert) könnte „die erfahrene Seelsorge vor Ort" eine „außergerichtliche Feststellung" treffen, „daß die erste Ehe nichtig gewesen ist", und so eine geschiedene und wiederverheiratete Person, deren erste Ehe kirchenrechtlich nicht annulliert worden ist, dennoch zur Kommunion zulassen.[19] Das Prinzip der Unauflöslichkeit kann nicht aufgehoben werden, so der Kardinal, doch in Einzelfällen, in denen diese Unauflöslichkeit rein rechtlicher Natur ist, sind pastorale Lösungen denkbar.

Homosexualität

Die katholische Lehre über homosexuellen Geschlechtsverkehr ist von Aktivisten für Schwulenrechte immer wieder erbittert angegriffen worden – nicht nur, weil die meisten aktiven Homosexuellen die Lehre der Kirche rundweg ablehnen, sondern auch, weil die katholische Kirche die höchste institutionelle Hürde für alle Bestrebungen darstellt, die Homo-Ehe zu legalisieren und der homosexuellen Veranlagung in der zivilen Gesetzgebung dieselbe Akzeptanz zu verschaffen wie beispielsweise der ethnischen Zugehörigkeit. In der Tat lehrt die Kirche, daß homosexuelle Handlungen moralisch falsch sind, weil sie die Ikonographie der geschlechtlichen Unterschiedlichkeit und Ergänzung verletzen, die die geschlechtliche Liebe als einen Akt des gegenseitigen Gebens und Empfangens möglich machen, und weil die Weitergabe des Lebens von Natur aus ausgeschlossen ist.[20] Die Kirche lehrt jedoch nicht, daß die homosexuelle Orientierung in sich Sünde ist. Sie lehrt, was viele, vielleicht sogar die meisten Homosexuellen aus eigener Erfahrung wissen: daß diese Form der sexuellen Anziehung eine Prüfung und eine Last darstellt.[21]

Schwulenaktivisten werfen der Kirche häufig eine böswillige Nichtanerkennung ihrer Andersartigkeit und schwulenfeindliche „Vorurteile“ vor. Doch von Vorurteilen kann hier keine Rede sein. Die katholische Kirche lehnt jedwedes Vorurteil, homosexuelle Personen seien in irgendeiner Weise unmenschlich oder untermenschlich, rundweg ab. Aus katholischer Sicht sind Homosexuelle Personen, die dazu berufen sind, das in das menschliche Herz hineingeschriebene Gesetz des Schenkens zu leben wie jeder andere auch. Wie alle anderen auch werden die Homosexuellen in der heutigen Gesellschaft kämpfen müssen, um keusch zu leben – um die Integrität der Liebe in der Selbsthingabe zu leben und sexuelle Handlungen zu vermeiden, die aufgrund ihrer Natur moralisch ungeordnet sind und eher der Selbstbehauptung als der Selbsthingabe dienen. Kein Katholik bildet sich ernsthaft ein, daß das irgend jemandem leichtfällt. In ihrem Ringen sollten homosexuell orientierte Männer und Frauen in der katholischen Kirche Unterstützung finden – die von Anfang an eine Kirche von Sündern gewesen ist.

Der verstorbene New Yorker Kardinal John J. O'Connor war eine häufige Zielscheibe schwuler Feindseligkeiten; ein Katalog von Gemälden zum Thema AIDS beschrieb O'Connor als „fetten Kannibalen“ und „widerlichen Schwarzrock“ und nannte die St. Patrick's Cathedral „das Haus der wandelnden Hakenkreuze an der Fifth Avenue“. Der Kardinal seinerseits weigerte sich, die katholische Lehre über den sittlichen Stellenwert homosexueller Handlungen zu verleugnen. Zur gleichen Zeit aber erfüllte er die in derselben katholischen Lehre enthaltenen Gebote der Nächstenliebe und Solidarität. Und so besuchte der Kardinalerzbischof von New York regelmäßig eines der von der Erzdiözese unterhaltenen Hospize, um dort sterbenden AIDS-Patienten Trost und Rat zu bringen und ihre Bettpfannen zu wechseln.

Genau das ist die Haltung der katholischen Kirche in diesen und anderen Fragen der Sexualmoral. Die Kirche lehrt die Wahrheit, von der sie glaubt, daß sie ihr anvertraut worden ist, und steht solidarisch jenen zur Seite, die fallen und sich bemühen, wieder aufzustehen – wie Christus auf dem Kreuzweg. Beides gehört zusammen.

7. Warum leiden wir?

Erlösung für die Welt und ihre Qual

Es ist eine der am schwierigsten zu akzeptierenden oder zu verstehenden Tatsachen des Lebens. Während Sie dieses Kapitel lesen, leiden Kinder an heimtückischen Krankheiten oder werden von ihren Eltern mißbraucht; Häftlinge werden von despotischen Regimes gefoltert; Frauen werden vergewaltigt; Eheleute gehen aufeinander los; Reputationen werden aus politischen Gründen zerstört; gute Menschen sterben viel zu jung, und schlechte Menschen leben weiter. „Warum?“, so lautet die naheliegende Frage.

Die Allgegenwart des Leidens ist lange als Argument gegen die Existenz eines guten Gottes betrachtet worden. Wenn Gott Leiden „zuläßt“, scheint er entweder unfähig oder ein Sadist zu sein. Vielen fällt es leichter, die unvermeidliche Tatsache des Leidens mit einem zufälligen und sinnlosen Universum zu vereinbaren, als die traditionelle biblische Antwort auf dieses Problem zu akzeptieren: Leiden ist, genau wie das Böse, die Kehrseite der Freiheit zumindest so, wie Menschen ihre gottgegebene Freiheit seit Adam und Eva gelebt haben. Eine Welt der Freiheit ist eine Welt, in der die Dinge auch schiefgehen können – und sie tun es.

Im Lauf der Jahrhunderte haben die Menschen unterschiedliche Wege gefunden, auf das Leid zu reagieren: stoische Resignation, zorniges Aufbegehren, benommenes Schweigen, inbrünstiges Beten oder die Suche nach dem Wundersamen. Uns mit der Unvermeidlichkeit des Leidens zu versöhnen – im Leiden einen Sinn zu finden – ist heute besonders schwierig. In einer vom Lustprinzip beherrschten Kultur ist es nicht einfach, dem Leiden einen Sinn abzugewinnen, denn es scheint unnötig und einem erfüllten und glücklichen Menschsein entgegengesetzt. Die Erfolge der modernen Medizin in der Schmerzlinderung haben dazu geführt, daß wir mit dem Leid in seiner elementarsten physischen Form heute weniger vertraut sind; ein Freund von mir hat einmal gesagt, auf jedem vor dem zwanzigsten Jahrhundert entstandenen Gemälde, das eine größere historische Szenerie zeige, müsse mindestens die Hälfte der Leute entsetzliche Zahnschmerzen gehabt haben. Obwohl die Fähigkeit der Medizin, physisches Leid zu lindern, zweifellos ihr Gutes hat – niemand, dem entsprechend geschultes medizinisches Personal zur Verfügung steht, muß mehr unter fürchterlichen Qualen sterben –, stellen die Fortschritte in der Biotechnologie uns noch ganz andere Dinge in Aussicht. Zu Beginn des dritten Jahrtausends sprechen Genforscher und Biotechnologen davon, theoretisch unsterbliche Menschen zu schaffen, die von jeglichem ernsthaften Schmerz oder Leid befreit sind.

Sind die Katholiken für den Rest der Menschheitsgeschichte dazu verurteilt, einer zunehmend verständnislosen Welt zu erklären, daß Leiden gut für uns ist?

Noch vor zwei Generationen hatte der Katholizismus eine Antwort auf eine sehr grundlegende menschliche Frage: Was erzählen Sie einem Jungen, der den Schrecken eines Zahnarztbesuchs entgegensieht? Die Antwort lautete: „Opfere es Gott für die Seelen im Fegefeuer oder als Buße für deine eigenen Sünden auf." Diese Standardantwort (die man heutzutage fast nirgendwo mehr hört) ist für einen modernen Katholiken verblüffend und liegt irgendwo zwischen bizarr und grausam. Doch vielleicht steckt dennoch mehr dahinter. Denn diese Antwort war ein Versuch, unser Leiden im Hier und Jetzt mit dem Erlöserleiden Christi und der Läuterung in Verbindung zu bringen, die die Gnade Christi in unserem eigenen Leben und im Leben unserer verstorbenen Freunde und Verwandten bewirken kann. Das ist keine Kleinigkeit. Übrigens hat ein berühmter, liberal eingestellter katholischer Schriftsteller einmal bemängelt, daß dem heutigen Katholizismus der Sinn für das erlösende Leiden verlorengegangen sei: „Was wollen sie den Kindern denn sonst erzählen, wenn der Zahnarzt mit dem Bohrer kommt?“

Aus katholischer Sicht ist das Leiden ein Geheimnis. Unter „Geheimnis“ versteht die katholische Theologie kein Rätsel, das von einem Sherlock Holmes gelöst werden muß, sondern eine Wirklichkeit, die nur in einem Akt der Liebe erfaßt und begriffen werden kann. Es gibt auf das Problem des Leidens keine „Antwort“ wie auf Fragen wie „War Alger Hiss schuldig?“ oder „Wieviel ist zwei plus zwei?“ Die Kirche hat immer geglaubt und gelehrt, daß es auf die Frage „Warum leiden wir?“ eine andere Art von Antwort gibt. Diese Antwort führt uns direkt zum Herzen der Kirche: zu Jesus Christus.

Daß Jesus Christus ein leidender Erlöser ist, war in den ersten Tagen der Christenheit und ist auch heute noch ein Schock und ein Skandal. Die Herausforderung, an einen Erlöser zu glauben, dessen siegreiche Stärke sich in seiner Schwäche offenbart, ist heute vielleicht sogar noch größer als zu irgendeinem anderen Zeitpunkt in den vergangenen zweitausend Jahren, denn die Vorstellung, daß Leiden der notwendige Weg zur Glückseligkeit oder zu einem erfüllten Menschsein ist, ist für unsere Kultur besonders befremdlich.

Doch genau das ist das Geheimnis – das zutiefst menschliche Geheimnis – des Leidens. Hunde und Katzen und Pandabären fühlen Schmerz. Doch nur Menschen leiden. Diese Tatsache ist ein Hinweis darauf, daß es eine Verbindung zwischen Leiden und dem Wesen unseres Menschseins gibt. Wenn wir diesem Hinweis nachgehen, führt er uns in die gesamte katholische Geschichte über die Welt und über uns. In dieser Geschichte begegnen wir einer sogar noch erstaunlicheren These: Gottes Antwort auf das Leiden besteht nicht darin, es zu vermeiden oder es zu leugnen oder es der menschlichen Torheit anzulasten; Gottes Antwort auf das Leiden besteht darin, es zu umarmen – in der Person seines Sohnes in die Welt zu kommen und das Leiden *durch* Leiden zu erlösen.

Keine Zufälle

Papst Johannes Paul II. ist mit dem Leiden eng vertraut. Seine Mutter verlor er mit neun, seinen älteren Bruder mit zwölf Jahren. Als junger Mann mußte Karol Wojtyła mitansehen, wie seine Professoren in die Konzentrationslager verschleppt wurden. Mehrere Jahre lang lief er Tag für Tag auch bei eisigstem Winterwetter fünf Kilometer zu Fuß zur Arbeit, um in einem Steinbruch Steine zu brechen oder in einer schäbigen Fabrik Kübel voller Kalk zu schleppen, während die Nazis viele seiner Freunde ermordeten. Sein Vater starb und ließ ihn als Waisen in einem besetzten Land zurück. Er wurde von einem deutschen Armeefahrzeug überfahren und bewußtlos im Graben liegengelassen. Im Alter von fünfzig Jahren verlor er seinen besten Freund. Ein anderer alter Freund erlitt, nur wenige Stunden vor Beginn des Konklaves, das Karol Wojtyła zum Papst wählen sollte, einen schweren Schlaganfall. 1981 feuerte ein Attentäter von vorne und aus nächster Nähe drei Kugeln auf ihn ab. Nachdem er die Notoperation überlebt hatte, starb er um ein Haar an einer verunreinigten Blutinfusion und war monatelang nur noch ein Schatten seines früheren Selbst. Er brach sich die Hüfte, und die Prothese funktionierte nicht richtig. Eine parkinsonähnliche neurologische Störung führte dazu, daß dieser stets so sportliche Mann nur noch unter großen Schwierigkeiten gehen konnte. Zu diesen körperlichen Belastungen kommt das spirituelle Leid, das er als Teil seines Amtes auf sich nimmt. Menschen aus aller Welt bitten den Papst um seine Gebete. Die Ordensschwestern, die ihm den Haushalt führen, tippen sie auf Zettel und legen sie in den Gebetsstuhl, in den sich Johannes Paul zu Beginn eines jeden Tages neunzig Minuten lang zum privaten Gebet zurückzieht. Auf diesen Zetteln begegnet ihm das Leid der Welt wie in einem Mikrokosmos, und es begegnet ihm auch in seiner alltäglichen Arbeit auf weltpolitischer Ebene. Dieser Papst ist ein Mann, der das Leid aus nächster Nähe kennt.

Deshalb lohnt es sich zuzuhören, wenn Johannes Paul II. sich über die christliche Bedeutung des Leidens äußert. Er geht dieser Frage nicht aus dem Weg. Um der Wirklichkeit des Leidens aus dem Weg zu gehen, müßte Johannes Paul II. seine eigenen Erfahrungen verleugnen.

Sechs Wochen nachdem er sich in der Zelle eines römischen Gefängnisses mit seinem mutmaßlichen Attentäter getroffen hatte, veröffentliche Johannes Paul ein Apostolisches Schreiben mit dem Titel *Salvifici Doloris* über die heilbringende Kraft des Leidens. Das Dokument beginnt mit der Beobachtung, daß das Leid eine allgemein menschliche Erfahrung ist. Das Leiden ist eine ganze menschliche Welt, und niemand kommt daran vorbei. Jeder leidet. Die Fragen „Warum?" und „Wozu?" bleiben niemandem erspart.

Leiden, so der Papst, kann kein bloßer Zufall sein. Der allgemeine Charakter dieser Leidenserfahrung weist darauf hin, daß Leiden „wesentlich die Natur des Menschen" betrifft.[1] Unser Leiden ist etwas anderes als der Schmerz der Tiere. Und neben dem physischen Leid erfährt der Mensch „das moralische Leiden", einen „Schmerz der Seele".[2] Wenn wir verraten oder verraten werden, wenn uns das versagt wird, was uns zusteht, wenn wir um uns schlagen und jemanden verletzen, den wir lieben, wenn wir selbst von einem Freund oder Verwandten verletzt werden, dann ist unsere Qual nicht nur psychologisch. Sie ist spirituell. Männer und Frauen können durch den Tod eines Kindes, eines Elternteils, eines Partners, eines Herzensfreundes tief, im tiefsten Inneren ihrer Person verwundet werden.

Diese Erfahrung des moralischen Leidens sagt uns etwas Wichtiges über uns selbst. Sie sagt uns, daß wir nicht nur eine Psyche, sondern eine Seele haben. Leiden, so Johannes Paul, ist ein Zeichen der Transzendenz. In einem scheinbaren Teufelswerk können wir erneut die Spuren der Engel entdecken. Leiden, schreibt der Papst, „ist einer jener Punkte, wo der Mensch gewissermaßen dazu ‚bestimmt' ist, über sich selbst hinauszugehen".[3] Leiden ist nicht nur ein beunruhigendes menschliches Problem. Es ist ein tiefes menschliches Geheimnis. Nicht anders als im Mysterium der Liebe oder im Mysterium der Einsicht begegnen wir Gott auch im Mysterium des Leidens.

Erlösendes Leiden

Die Bibel, so bemerkt Johannes Paul, „ist ein großes Buch über das Leiden". Darin finden wir viele Beispiele für jenen „Schmerz der Seele", der die schlimmste Form menschlichen Leidens darstellt: den Tod eines Kindes, die Furcht vor Vernichtung, Kinderlosigkeit, Verbannung, Verfolgung und Hohn, Einsamkeit und Verrat, den Wohlstand der Frevler und das Elend der Gerechten, Untreue und Undankbarkeit. Leiden hat in der biblischen Welt ganz unverkennbar etwas mit dem Bösen zu tun. Wir leiden, wenn uns Böses widerfährt.

Dennoch gewinnen die Christen aus dem ersten Kapitel der jüdischen Bibel die Überzeugung, daß die Schöpfung wesentlich gut ist. Das Böse ist kein zweites Schöpfungsprinzip wie in anderen religiösen Systemen. Wenn die Welt, die Gott geschaffen hat, wesentlich gut ist, es aber andererseits auch das Böse oder das Übel in der Welt gibt, dann müssen das Gute und das Übel in irgendeiner Beziehung zueinander stehen. Das Übel, so schreibt Johannes Paul, stellt „eine gewisse Abwesenheit, Begrenzung oder Entstellung des Guten" dar.[4] Krankheit ist fehlende Gesundheit; eine Lüge ist eine Entstellung der Wahrheit. Wir leiden, so glaubt der Papst, wegen des Bösen, doch das Leiden selbst verweist uns auf etwas Gutes. Leiden ist ein Teil des Zusammenspiels von Gut und Böse in der Welt. Leiden ist in das Geheimnis der menschlichen Freiheit hineingewoben.

Die Bibel beschreibt das Leiden zuweilen als eine Strafe für das Böse, das wir tun, doch diese Strafe, so gibt der Papst zu bedenken, ist auch mit dem Guten verknüpft, „weil sie die Möglichkeit schafft, das Gute in der leidenden Person selbst wiederherzustellen." Dies, hebt Johannes Paul hervor, „ist ein äußerst wichtiger Aspekt des Leidens." Leiden eröffnet die Möglichkeit zum Durchbruch des Guten, zur „Bekehrung", zu unserer Verwandlung in die Art von Menschen, die die Glückseligkeit bei Gott genießen können, weil sie „in diesem Ruf zur Buße die göttliche Barmherzigkeit erkennen".[5]

Dennoch, schreibt der Papst, gibt es für das Geheimnis des Leidens keine vollständige rationale Erklärung. Keiner unserer Deutungsversuche, so elegant er auch konstruiert sein mag, wird uns letztlich ganz befriedigen. Immer scheint etwas zu fehlen. Genaugenommen, so der Papst, ist es *jemand,* der fehlt: Jesus Christus.

Gottes Liebe, die so groß war, daß sie die Grenzen von Gottes innerem Leben gesprengt und in ihrem Überströmen die Schöpfung hervorgebracht hat, ist „die tiefste Quelle für den Sinn von allem, was ist", also auch für den Sinn des Leidens. Daß „die Liebe [...] auch die reichste Quelle für die Antwort auf die Frage nach dem Sinn des Leidens" ist, kann nicht rational erklärt, sondern muß bewiesen werden. Und diesen Beweis hat „Gott dem Menschen im Kreuze Jesu Christi gegeben".[6]

Das ganze Leben Christi weist unerbittlich auf das Kreuz hin. Jesu menschliches Leben ist ein Hineinwachsen in die Welt des Leidens, auf die er mit seinen Heilungen reagiert. Diese physischen und psychologischen Heilungen sind Zeichen dafür, daß das Reich Gottes, eine Welt jenseits des Leidens, in diese Welt einbricht. Doch selbst im Heilen der Leiden leidet Christus. Er leidet unter Erschöpfung, Heimatlosigkeit, dem Unverständnis derer, die ihm nahestehen. Als Petrus ihm Vorwürfe macht, weil Jesus gesagt hat, daß er nach Jerusalem gehen und leiden müsse, weist dieser den Fischer zurecht und nennt ihn „Satan" (Mt 16,23). Langsam und unerbittlich zieht sich das Netz der Feindseligkeiten immer enger um Jesus, und der Moment der Entscheidung naht heran: das Kreuz, in dem Leiden und Liebe sich vereinen.[7]

Das Leiden Christi besitzt eine „solche Tiefe und Intensität, daß sie [...] einzigartig genannt werden" kann. Christus leidet als Mensch, doch „weil der Mensch, der hier leidet, Gottes eingeborener Sohn in Person ist“, ist das Leiden Christi, wie der Papst schreibt, von einer kosmischen und göttlichen Dichte, die ihn befähigt, „das Ausmaß des […] Übels zu umfassen“, das in der gesamten Menschheitsgeschichte enthalten ist.[8] Wir können uns, so faßt es der Schweizer Theologe Hans Urs von Balthasar in beinahe ängstliche Worte, gar nicht vorstellen, welche Todesnot dies mit sich bringt. Was es bedeutet, „die Last der Weltschuld zu tragen, die innere Perversion einer Gott jeden Dienst, jede Ehrfurcht aufsagenden Menschheit in sich selbst zu erfahren“, übersteigt unser Begriffsvermögen.[9] Wir können uns gar nicht vorstellen, was das für ein Leiden ist, wenn der Sohn alles auf sich nimmt, was der Vater verabscheut. Doch genau das ist es, was Christus am Kreuz erleidet.

In Christus am Kreuz begegnen wir dem ewigen Plan des dreieinigen Gottes, „die gesamte in der Sünde der Welt enthaltene Ablehnung zu läutern und im Feuer der leidenden Liebe zu verbrennen“. Die Passion Christi ist die historische Verkörperung dieses Feuers, „das von Ewigkeit her als lodernde Leidenschaft in Gott gebrannt hat“ – als die Leidenschaft entschlossener und radikaler Liebe. Gott brennt, damit die Welt in seine göttliche Leidenschaft hineingenommen werden kann. Um dies zu ermöglichen, muß die brennende Liebe in Gott selbst sich der Welt entgegenstrecken und sie erlösen, indem sie alles Liebesunfähige in der Welt einschließlich des Übels und des Leidens verzehrt.

Das geschieht am Kreuz, wenn der Sohn in Gehorsam gegenüber dem Vater und in einem Akt tiefster liebender Selbsthingabe alle Übel der Welt und auch das Übel des Todes auf sich nimmt. Am Kreuz, so schreibt von Balthasar, begegnen sich zwei ewige Wirklichkeiten: „Gottes Zorn, der mit der Sünde keinen Kompromiß eingehen, sondern sie nur zurückweisen und zu Asche verbrennen kann, und Gottes Liebe, die sich genau am Ort dieser unerbittlichen Konfrontation zu offenbaren beginnt.“[10] Das Kreuz ist nicht das Ende der Geschichte. Am Kreuz werden Übel und Tod durch erlösendes Leiden überwunden. Christus besiegt das Leiden durch seinen „Gehorsam bis zum Tode", und diesen Sieg bestätigt der Vater mit der Auferstehung.[11]

Im Geheimnis der Liebe Gottes, die sich ihren Weg durch die Welt und durch die Geschichte brennt, ist der Moment der Katastrophe in Wirklichkeit der Moment der Befreiung.

Schwäche und Stärke

Mit dem Leiden Christi, schreibt Johannes Paul II., „ist jedes menschliche Leiden in eine neue Situation eingetreten." Nicht nur die Menschheit, auch das menschliche Leiden selbst ist durch das Leiden erlöst.[12] Da Christus an unserer Stelle und für uns gelitten hat, hat jeder Mensch Anteil an der von ihm gewirkten Erlösung. Jeder ist „zur Teilhabe an jenem Leiden gerufen, durch das zugleich jedes menschliche Leiden erlöst worden ist." Durch sein Leiden am Kreuz „hat Christus gleichzeitig das menschliche Leiden auf die Ebene der Erlösung gehoben." Deshalb kann jeder Mensch mit seinem oder ihrem Leiden „am erlösenden Leiden Christi teilhaben."[13]

Durch seine Teilhabe am menschlichen Leiden befähigte Christus uns zur Teilhabe an seiner Erlösung. Wenn wir mit Hilfe des Glaubens die erlösende Qualität des Leidens Christi entdecken, dann entdecken wir auch die erlösende Natur unseres eigenen Leidens.[14] Indem wir unser Leiden mit seinem Leiden verbinden, wird unser Leiden wie sein Leiden mit der Liebe verbunden. Das ist die Antwort für den Jungen beim Zahnarzt.

Diejenigen, die ihr Leiden mit dem Leiden Christi identifizieren, so lehrt der heilige Paulus, erwartet „in maßlosem Übermaß ein ewiges Gewicht an Herrlichkeit" (2 Kor 4,17). Durch das Kreuz Christi verwandelt, wird das Leid in seiner Sinnlosigkeit und Absurdität zu einem weiteren Mittel, das uns hilft, zu der Art von Menschen zu werden, die auf immer bei Gott leben können. Christus überwindet Leiden und Tod nicht durch Selbstbehauptung, sondern indem er sich selbst bis zum Äußersten verwundbar macht; in seiner Schwäche lag seine Kraft und in seiner Erniedrigung seine Größe.[15] Im Leiden Christi, schreibt Papst Johannes Paul, erfahren wir erneut etwas über das Gesetz des Schenkens, das uns Menschen als Ausdruck unserer Gottesabbildlichkeit ins Herz hineingeschrieben ist: In Christus „hat Gott bekräftigt, daß er besonders durch das Leiden handeln will, das Schwachheit und Entäußerung des Menschen ist; gerade in dieser Schwachheit und Entäußerung will er seine Macht offenbaren."[16] Deshalb können wir uns mit dem heiligen Paulus selbst dann über unsere Leiden freuen, wenn sie uns zutiefst zu verwunden scheinen. Denn je größeren Anteil wir an der Liebe Christi haben, die sich im Leiden Christi manifestiert, desto mehr entdecken wir unsere Seele wieder, die wir durch unser Leid bereits verloren geglaubt hatten.[17]

Dieses Paradox der Schwäche und Stärke, das sich am Kreuz Christi zeigt, hilft uns, zwei der rätselhaftesten Stellen des Neuen Testaments zu erklären: die Aussage des heiligen Paulus: „Wenn ich schwach bin, dann bin ich stark" (2 Kor 12,10), und seine Behauptung, daß er „für den Leib Christi, die Kirche", in seinem irdischen Leben das ergänzt, „was an den Leiden Christi noch fehlt" (Kol 1,24). Wenn die Wahrheit der Selbstentäußerung Christi in der Auferstehung besiegelt wird, so folgert Johannes Paul, dann „bedeutet das, daß die Schwachheit aller menschlichen Leiden von derselben Macht Gottes, die sich im Kreuz Christi offenbart hat, durchdrungen werden kann." Dadurch, daß wir uns in unserem eigenen Leiden mit dem leidenden Christus identifizieren und uns so für die Macht des Kreuzes öffnen, wird unser Leiden zu einem Vehikel, um die „heilbringenden Kräfte Gottes, die der Menschheit in Christus dargeboten werden", in der Welt fortwirken zu lassen. Christus hat die Welt „vollständig und bis ans Ende" erlöst, doch die Welt hat die Erlösung noch nicht in ihrer ganzen Fülle erfahren. Durch unser Leiden öffnet sich Christus ununterbrochen jedem menschlichen Leid; durch unser Leiden wird das ergänzt, was an der

Erlösungserfahrung der Welt „noch fehlt". So ist es zu verstehen, daß „jedes menschliche Leiden das Leiden Christi kraft der Einheit mit ihm in der Liebe" ergänzt. Unser Leiden ergänzt Christi Leiden, „so wie die Kirche das Erlösungswerk Christi ergänzt", indem sie es in die zeitliche und historische Dimension hinein fortsetzt.[18]

Die Berufung des Leidens

Wenn Maria, die Mutter Jesu, das Modell aller Jüngerschaft in der Kirche ist, dann ist Maria unter dem Kreuz das Urbild der Beziehung zwischen Jüngerschaft und Leid. Während Marias erstes „Ja" zu Gottes Einladung in Freude gegeben wurde – „Meine Seele preist die Größe des Herrn, und mein Geist jubelt über Gott, meinen Retter" (Lk 1,46–47) –, wird ihr zweites „Ja" schweigend gegeben, als sie in stummem Kummer auf Golgatha steht und das Leid erfährt, das der alte Priester Simeon ihr kurz nach der Geburt Christi geweissagt hat: „Dir selbst aber wird ein Schwert durch die Seele dringen" (Lk 2,35). An der Mutter Jesu wird das ganze Gewicht dessen deutlich, was Christus selbst über die Nachfolge gesagt hat: „Wer mein Jünger sein will, der verleugne sich selbst, nehme täglich sein Kreuz auf sich und folge mir nach" (Lk 9,23).

Hier wird die Frage „Warum leiden wir?" in einen neuen Rahmen gespannt. Mit Maria stellen wir unsere Frage nach dem „Warum?" ganz leise, und wir richten ihn an den, der am Kreuz hängt, den, der bereits leidet. Und Christus, wie Papst Johannes Paul schreibt, „antwortet nicht direkt, und er antwortet nicht in abstrakter Weise". Wir hören die Antwort Christi erst, wenn wir „selbst mehr und mehr an den Leiden Christi" teilnehmen.[19] Leiden ist für den Christen keine Anomalie. Leiden ist eine Berufung.

Und weil es eine Berufung ist, kann Leiden auch ein Weg des Dienens sein, ein Weg, uns selbst direkt oder indirekt zum Geschenk zu machen. Indirekt, so schreibt der Papst,

„bahnt es der Gnade den Weg, die die menschlichen Seelen verwandelt", und unterstützt „die Kräfte des Guten" in dem fortdauernden Kampf gegen das Böse.[20] Direkt ist uns die Berufung des Leidens im Gleichnis vom guten Samariter vorgebildet (Lk 10,29–37).

Nach dem Beispiel des guten Samariters zu leben heißt, für andere in ihrem Leiden verfügbar zu sein. Daß der Samariter beim Anblick des von den Räubern überfallenen Mannes am Wegesrand stehenbleibt, „bedeutet nicht Neugier, sondern Bereitschaft." Man bezeichnet ganz allgemein diejenigen als „gute Samariter", bemerkt Johannes Paul, die dem Leiden anderer nicht gleichgültig gegenüberstehen. Und wenn Christus dessen Barmherzigkeit so hervorhebt – „Geh und handle genauso", sagt Jesus am Ende des Gleichnisses –, dann ist Barmherzigkeit oder Mitleid eine wesentliche Komponente der Berufung zum Leiden.

Durch diese Geschichte, gibt Johannes Paul zu bedenken, gewinnen wir eine weitere Einsicht in das Mysterium des Leidens. Wie wir gesehen haben, trägt das Leiden dazu bei, jeden von uns individuell auf die Glückseligkeit vorzubereiten, denn es hilft jedem einzelnen von uns, persönlich in das Mysterium des Erlöserkreuzes Christi einzutreten. Leiden ist auch in der Welt gegenwärtig, um „im Menschen die Liebe zu wecken, eben jene uneigennützige Hingabe des eigenen ‚Ich' zugunsten der anderen, der leidenden Menschen." Die Welt des Leidens, so die Deutung Johannes Pauls, „fordert [...] eine andere Welt: die Welt der menschlichen Liebe". Auf paradoxe Weise haben wir dem Leiden anderer etwas zu verdanken. Das Leiden bringt Hingabe und selbstlose Liebe in uns hervor. Wie der barmherzige Samariter leben wir die Berufung des Leidens vermittels einer „grundlegenden menschlichen Solidarität", wie der Papst es nennt, mit anderen Worten: durch Nächstenliebe. Wir können „nicht gleichgültig am Leiden des anderen vorübergehen."[21] Wir müssen innehalten und Barmherzigkeit zeigen; wir müssen stehenbleiben und „mitleiden"; wir müssen stehenbleiben und uns selbst zu einem Geschenk für den anderen machen. Durch

Christi Erlösung „ist das Leiden dafür in der Welt, um Liebe zu wecken, um Werke der Nächstenliebe zu veranlassen und die gesamte menschliche Zivilisation in eine ‚Zivilisation der Liebe' zu verwandeln."[22]

„Wer an den Leiden Christi teilhat", folgert der Papst, „bewahrt in seinen Leiden einen ganz besonderen Teil des unendlichen Schatzes der Erlösung der Welt". Deshalb können wir diesen Schatz „mit den anderen teilen".[23] Deshalb müssen die Christen diesen Schatz mit anderen teilen.

Der letzte Akt

Aus katholischer Sicht ist das Leiden ein wesentlicher Bestandteil des menschlichen Dramas. Das Mysterium des Leidens durch das Prisma des Glaubens zu ergründen heißt, etwas über Gott und über Gottes Erlösung der Welt zu erfahren. Johannes Paul II. betont, daß jeder, der in das Geheimnis des Leidens eintritt, darin „sich selbst, sein Menschsein, seine Würde, seine Sendung wiederfindet."[24] Christus, der Erlöser, der uns durch Leiden rettet, macht „dem Menschen den Menschen selbst voll kund und erschließt ihm seine höchste Berufung", wie die Konzilsväter auf dem II. Vaticanum gelehrt haben.[25]

Das Mysterium des Leidens führt uns letztlich zum Mysterium des Himmelreichs: zu der vollständigen Besiegelung der Selbsthingabe Gottes in der Geschichte, die in Jesus Christus auf endgültige Weise Teil der Geschichte geworden ist. Wie der Philosoph Peter Kreeft schreibt, sehen die Dinge anders aus, „wenn man die Geschichte *(history)* als *seine* Geschichte *(his-story)* versteht." Leiden wird zum Grundton „in einer Harmonie, deren Obertöne sich im Himmel verlieren."[26] Und die Verheißung dessen, was der Himmel für uns bereithält, wird uns von dem Mann gegeben, dem der sterbende Christus die Sorge um seine Mutter, die erste Jüngerin, anvertraut hat – dem Apostel Johannes in seiner Vision der künftigen Herrlichkeit des Himmelreichs:

> „Dann sah ich einen neuen Himmel und eine neue Erde; denn der erste Himmel und die erste Erde sind vergangen, auch das Meer ist nicht mehr. Ich sah die heilige Stadt, das neue Jerusalem, von Gott her aus dem Himmel herabkommen; sie war bereit wie eine Braut, die sich für ihren Mann geschmückt hat. Da hörte ich eine laute Stimme vom Thron her rufen: Seht, die Wohnung Gottes unter den Menschen! Er wird in ihrer Mitte wohnen, und sie werden sein Volk sein; und er, Gott, wird bei ihnen sein. Er wird alle Tränen von ihren Augen abwischen: Der Tod wird nicht mehr sein, keine Trauer, keine Klage, keine Mühsal. Denn was früher war, ist vergangen. Er, der auf dem Thron saß, sprach: Seht, ich mache alles neu“ (Offb 21,1–5).

Das ist die katholische Sicht der Dinge. Wir erlernen sie, indem wir leiden.

8. Und was ist mit dem Rest der Welt?

Andere Christen, andere Religionen

Wie eigentlich fast alle Institutionen war auch die katholische Kirche eine Zielscheibe für Lenny Bruce, den Comedian und Helden der Gegenkultur der Sechzigerjahre, und seinen boshaften Humor. „Es gibt nur eine Kirche, die ‚Die Kirche' ist", pflegte Bruce zu scherzen, „und das ist die katholische Kirche." Was eigentlich eine bissige Pointe sein sollte, enthält tatsächlich einen großen Reichtum an theologischen Einsichten.

Der Glaube der katholischen Kirche, daß Jesus Christus der einzige Erlöser der Welt ist und daß der Sendungsauftrag Christi sich auf einzigartige Weise in der katholischen Kirche fortsetzt, macht den Katholizismus in einigen Teilen unserer Welt des einundzwanzigsten Jahrhunderts zu einer unbequemen Erscheinung. Daß alle Wahrheiten gleich sind, solange man sie aufrichtig vertritt – das ist die einzige Antwort, die unsere heutige Hochkultur auf die Frage des Pontius Pilatus „Was ist Wahrheit?" zu bieten hat (Joh 18,38). Wenn nicht Wirklichkeit, sondern Aufrichtigkeit der Maßstab der Wahrheit ist, dann ist die Wahrheit eine Eintagsfliege, ein rein kognitives oder psychologisches Konstrukt. Wenn „alle Wahrheiten gleich" wären, hieße das, daß es im Sinne *der* Wahrheit keine Wahrheit gibt.

„Und das ist gut so", würde der eine oder andere hier vielleicht hinzufügen. Ist die feste, unerschütterliche Überzeugung, im Besitz der Wahrheit zu sein, nicht eine Einladung zu Überheblichkeit und Aggression? Haben nicht die Kreuzzüge und die Inquisition und die Hexenverbrennungen und der Dreißigjährige Krieg und der ganze Rest dieser Parade von Schrecknissen genauso angefangen? Ist nicht eine auf humane Grundsätze gestützte Skepsis der bessere Weg zu einer friedlicheren Welt?

Wenn man sie nicht gerade zitiert, um zu belegen, daß der Katholizismus den Weltfrieden oder das zivilisierte Miteinander in einer pluralistischen Demokratie gefährde, benutzt man die katholischen Überzeugungen von der Wahrheit Christi und der Kirche gerne auch, um das katholische Engagement in den Bereichen der Ökumene (der Bemühungen um die Einheit unter den Christen) und des interreligiösen Dialogs (der Suche nach Wahrheit zwischen Christen und Juden und unter Christen, Juden, Muslimen, Buddhisten, Hindus und anderen) in Frage zu stellen. Wenn die katholische Kirche sich selbst für die vollständigste historische Erscheinungsform der einen, wahren Kirche Jesu Christi hält, wie kann sie dann einen offenen Dialog mit anderen christlichen Gemeinschaften führen? Wenn Christus der einzige Erlöser der Welt ist und seine Kirche in der heutigen Zeit diese Erlösungsmission fortsetzt, warum sollte dann die katholische Kirche an einem Dialog mit anderen Weltreligionen interessiert sein – es sei denn, dieser Dialog wäre eine subtile Methode, um Konvertiten zu gewinnen? Handelt es sich bei dem katholischen Anspruch, einen einzigartigen Zugang zur Wahrheit zu besitzen, nicht um ebenjene Art von Fanatismus, die ein Gespräch schwierig, wenn nicht gar unmöglich macht? Erfordert die ernsthafte Auseinandersetzung mit den Überzeugungen anderer nicht zunächst einmal eine gesunde Zurückhaltung, was die eigenen Überzeugungen anbetrifft?

All diese Fragen klingen so vernünftig. Doch aus der Sicht des katholischen Selbstverständnisses scheinen sie lediglich eine gute Veranschaulichung dessen zu sein, was der Dichter e. e. cummings so formuliert hat: „Die schönere Antwort erhält immer der, der die schönere Frage stellt." Es kann auf die Frage nach der Einheit der Christen keine gute Antwort geben, wenn die Christen das ignorieren, was Christus seinen Jüngern verheißt: „Dann werdet ihr die Wahrheit erkennen, und die Wahrheit wird euch befreien" (Joh 8,32). Und wir werden höchstwahrscheinlich auch keine gute Lösung für die zahlreichen sozialen und politischen Probleme finden, vor die uns die Unterschiedlichkeit und Pluralität einer Welt ohne Wahrheit stellen. Denn eine Welt ohne Wahrheit ist nichts anderes als eine Welt der Macht, in der dem Schwächeren die „Wahrheit" des Stärkeren aufgezwungen wird.

Wenn man darüber nachdenkt, ist es hilfreich, sich in jene Menschen hineinzuversetzen, mit denen man sich gerne über wichtige Dinge unterhält. Wer wird die Überzeugungen anderer wohl eher respektieren – jemand, der sich durch seinen Relativismus gedrängt fühlt, allen Überzeugungen mit Skepsis zu begegnen, oder jemand, den seine eigene Überzeugung lehrt, daß Respekt gegenüber anderen auch dann ein religiöser und moralischer Imperativ ist, wenn wir in den allerwichtigsten Fragen nicht mit diesen anderen übereinstimmen? Welche Definition von Toleranz ist die bessere: Unterschiede zu ignorieren, als ob sie bedeutungslos wären, oder sich im respektvollen Dialog mit Unterschieden auseinanderzusetzen, weil wir dies für unsere moralische Pflicht halten?

Hinter diesen Themen liegen die Trümmer der Geschichte, und auch sie werfen womöglich Fragen darüber auf, wie sich der Katholizismus für jene Art von Dialog engagiert, die Ökumene und interreligiöse Begegnung möglich macht. Es würde den Rahmen dieses kleinen Buches sprengen, einigen der neuen historischen Erkenntnisse auf den Grund zu gehen, die unsere Sicht auf den angeblichen katholischen Fanatismus und seine verheerende Rolle in der Geschichte verändern. Einige dieser Erkenntnisse sind Forschungen zu verdanken, die die katholische Kirche selbst auf Drängen Papst Johannes Pauls II. zur Vorbereitung auf das Heilige Jahr 2000 in Auftrag gegeben hatte. Aus diesen und anderen historischen Untersuchungen geht hervor, daß die Kreuzzüge neben vielen anderen Dingen auch dem Bemühen geschuldet waren, christliche Pilger in Gebieten zu schützen, die jahrhundertelang christlich gewesen waren. Wir wissen inzwischen, daß manch einer der Verdächtigen im Spanien des sechzehnten Jahrhunderts es lieber sah, wenn sein Prozeß nicht vor einem zivilen Gericht, sondern an einem der religiösen Gerichtshöfen der Inquisition stattfand, weil er sich dort ein gerechteres Urteil erwartete. Wir haben erfahren, daß die Haltung der Kirche in der Affäre Galileo mit dem wissenschaftlichen Konsens der damaligen Zeit übereinstimmte. Wir haben ferner erfahren, daß Aspekte der Reformation in England, Deutschland und andernorts nicht von frommen Überzeugungen hinsichtlich der Reformbedürftigkeit der Kirche Christi, sondern von kommerziellen und politischen Interessen geleitet waren. Die Geschichte ist, wie es scheint, sehr viel komplizierter und sehr viel interessanter, wenn man Vorurteile überwindet und entdeckt, wie die Dinge wirklich waren.

An dieser Stelle jedoch geht es uns vor allem darum, die ökumenischen Bemühungen der Kirche um die Einheit der Christen und ihren Beitrag zum Dialog mit den großen Weltreligionen zu untersuchen. Im Grunde sind dies zwei ganz unterschiedliche Fragen, und es ist oft nicht hilfreich, sie miteinander zu verquicken. Hier jedoch gehören sie zusammen, weil beide die wichtige Frage nach der Wahrheit und ihrem Verhältnis zu Pluralismus, zivilem Miteinander und dem Respekt für die Überzeugungen anderer betreffen.

Und schließlich eine letzte Vorbemerkung: Ökumene und interreligiöser Dialog sind für die katholische Kirche keine altmodischen Gewerkschaftsverhandlungen. Ökumene und interreligiöser Dialog sind, mit anderen Worten, keine Nullsummenspiele, bei denen der Verlust der einen Seite zwangsläufig ein Gewinn für die andere Seite ist. Leider aber werden solche Dialoge häufig genau so verstanden – und zwar auch von den Dialogparteien selber. Wenn, sagen wir, die katholische Kirche in der Frage der Frauenordination nachgeben würde, dann hätten die Protestanten einen Punkt gutgemacht und wären vielleicht bereit, noch einmal über die Rolle des Papsttums in einer wiedervereinigten Christenheit nachzudenken. Wenn die katholische Kirche nur ein bißchen von der Einzigkeit der Erlöserrolle Jesu Christi abrükken würde, dann könnten die Muslime oder Buddhisten oder Hindus Jesus zwar vielleicht nicht als ihren eigenen, wohl aber als den Erlöser der Christen anerkennen. Das klingt vernünftig – solange man glaubt, daß religiöse Überzeugungen nicht wirklich relevant sind oder daß es so etwas wie Wahrheit nicht gibt. Aus katholischer Sicht und auch aus der Sicht religiös engagierter und theologisch gebildeter protestantischer und orthodoxer Christen sowie ernsthafter Juden, Muslime, Hindus und Buddhisten funktionieren Ökumene und interreligiöser Dialog allerdings nicht nach einem solchen Verhandlungsmodell. Der Themenzuschnitt ist ein anderer. Wenn Wahrheiten auf dem Spiel stehen, dann ist der Verlust des einen der Verlust aller, und ein Erkenntnisgewinn ist ein Gewinn für alle.

Ökumene und interreligiöser Dialog sind keine Nullsummenspiele, bei denen einfach nur die Spielstrategie darüber entscheidet, wer gewinnt und wer verliert. Was aber sind diese Dialoge aus katholischer Sicht?

Christus schafft Einheit

Die moderne ökumenische Bewegung begann 1910 auf einer großen missionarischen Weltkonferenz, die die führenden Vertreter des Weltprotestantismus in Edinburgh abhielten. Zunächst bestand das Ziel der Bewegung darin, dafür zu sorgen, daß die protestantischen Missionen in den Kolonialgebieten nicht gegeneinander, sondern miteinander arbeiteten. Schon nach etwa zehn Jahren begann die Bewegung einen gemeinsamen christlichen Standpunkt zu den sozialen, politischen und wirtschaftlichen Fragen der Zeit anzustreben. Dies wiederum führte zu Glaubens- und Kirchenverfassungskonferenzen, die sich erklärtermaßen mit Fragen der Lehre und „Administration" – also der Organisation oder „Verfassung" der Kirche und ihrer Ämter – beschäftigten. Nach dem Zweiten Weltkrieg fand die ökumenische

Bewegung ein Zentrum für all diese Unternehmungen: den Weltkirchenrat, dessen Hauptquartier sich in Genf befindet.

Die katholische Kirche trat mit dem Zweiten Vatikanischen Konzil offiziell in diesen ökumenischen Prozeß ein. Papst Johannes XXIII., dem die Einheit der Kirche ein leidenschaftliches Anliegen war, lud protestantische und orthodoxe Beobachter zum Konzil ein und gründete innerhalb der römischen Kurie ein Sekretariat für die Einheit der Christen. Unmittelbar nach dem Konzil herrschte eine Art ökumenischer Euphorie. Der seit dem elften Jahrhundert bestehende Bruch zwischen Rom und den orthodoxen Kirchen des christlichen Ostens sowie die auf das sechzehnte Jahrhundert zurückgehende ökumenische Spaltung der westlichen Christenheit schienen unmittelbar vor ihrer Heilung und Wiedervereinigung zu stehen. Nach wenigen Jahren war diese Euphorie verflogen, und die organische Wiederherstellung einer geeinten Christenheit lag so weit in der Zukunft wie eh und je. In den Jahrzehnten nach dem II. Vaticanum erzielte eine Reihe von bilateralen ökumenischen Dialogen – anglikanisch/römisch-katholisch, lutherisch/römisch-katholisch, orthodox/römisch-katholisch, reformiert/römisch-katholisch – beträchtliche Fortschritte hinsichtlich der Klärung quälender historischer Fragen und gewisser doktrineller Angelegenheiten. Diese Dialoge erreichten 1999 einen Höhepunkt, als die katholische Kirche und der Lutherische Weltbund gemeinsam erklärten, daß sie ungeachtet der fortbestehenden Unterschiede im theologischen Verständnis darin übereinstimmten, daß wir aus Gnade durch den Glauben an Christus gerechtfertigt sind – in jenem Punkt also, der 1517 die lutherische Reformation auslöste.

Es blieb jedoch die harte Tatsache, daß Lutheraner und Katholiken einer kirchlichen Wiedervereinigung 1999 nicht näher waren als 1969. Was einst die eigentliche Ursache für die Trennung dieser beiden Gemeinschaften gewesen zu sein schien – die Lehre der Rechtfertigung durch den Glauben –, erwies sich nun, da man eine gemeinsame Position gefunden hatte, als nicht ausreichend, um auch die Lösung der anderen Meinungsverschiedenheiten auf den Weg zu bringen und die Einheit der Kirche wiederherzustellen. Zudem wurde Ende der 1980er Jahre schmerzhaft deutlich, daß auch der anglikanisch/römisch-katholische Dialog die beiden Gemeinschaften nicht näher an eine kirchliche Wiedervereinigung herangeführt hatte. Dies wiederum erschütterte die während des ganzen zwanzigsten Jahrhunderts allgemein anerkannte Behauptung, die englische Reformation sei vor allem eine politisch motivierte Abspaltung gewesen und es gebe zwischen Anglikanern und Katholiken keine schwerwiegenden doktrinellen Unterschiede.

Während sich diese neuen Schwierigkeiten herauskristallisierten, rückte die im Weltkirchenrat zusammengefaßte alte ökumenische Bewegung von ihren ursprünglichen Zielen ab: der Wiederherstellung der christlichen Einheit durch eine gemeinsame Lehre und gegenseitige Anerkennung der Ämter. 1995 schlug der Generalsekretär des WKR offiziell einen „Paradigmenwechsel“ vor; die ökumenische Bewegung solle „die vergangenen Kämpfe zu den Akten legen“ und sich als globale Kampagne gegen Armut, Krieg und Umweltzerstörung neu konstituieren.

„There are many ironies in the fire“, wie der Soziologe Peter Rossi zu sagen pflegte – das von Genf vorgeschlagene neue Paradigma ist gleich in mehrfacher Hinsicht eine Ironie des Schicksals. Denn nach diesem dramatischen Umschwung ist die katholische Kirche – die in der ökumenischen Familie lange Zeit als eine Art zänkischer Nachkömmling galt – die einzige globale Institution, die sich noch immer dem klassischen Ziel der Ökumene verpflichtet fühlt: die Einheit der Kirche Christi in Lehre und Praxis wiederherzustellen.

Was glaubt und lehrt nun die katholische Kirche inmitten all dieser Enttäuschungen, Rückschläge und Verwirrungen über die christliche Einheit? In den Dokumenten des Zweiten Vatikanischen Konzils und in der Lehre Johannes Pauls II. hat die katholische Kirche eine Interpretation des ökumenischen Projekts vorgelegt, die sowohl dem ursprünglichen Ziel der weltweiten ökumenischen Bewegung als auch der Lehre Christi treu bleibt, wonach die Wahrheit die Mitte des Christentums ist. Diese Interpretation ist nicht politisch, sondern theologisch motiviert, und das muß sie auch sein, wenn die Kirche das ist, was sie ist: eben die Kirche und nicht nur eine weitere Freiwilligenorganisation, die sich für irgendeine Sache einsetzt. Die ökumenische Vision der Kirche und der katholische Blick auf die anderen christlichen Gemeinschaften lassen sich vielleicht am besten mit Hilfe einer Reihe von Aussagen darstellen:

- Es gibt nur eine Kirche, denn es gibt nur einen Christus, und die Kirche ist sein Leib.[1]
- Die christliche Einheit wird nicht von den Christen gemacht. Christus schafft die Einheit der Kirche.[2]
- Die Einheit der einen Kirche ist ein Geschenk Christi, das nie zurückgenommen worden ist, denn Christus bricht seine Versprechen nicht.[3]
- Die ökumenische Aufgabe besteht darin, dieser Einheit, die in Christus bereits existiert, durch eine allseitige Anerkennung der Wahrheiten, auf die Christus seine Kirche gegründet hat, einen vollkommeneren historischen Ausdruck zu geben.[4] Bei diesem Versuch, die Einheit, die die Christen bereits genießen, in der Geschichte vollkommener auszudrücken, ist die einzige Einheit, an der zu arbeiten sich lohnt, die Einheit in der Wahrheit; denn die Wahrheit ist wie die Einheit das Geschenk Christi an seine eine Kirche.
- Der Triumph der katholischen, orthodoxen und protestantischen Märtyrer des zwanzigsten Jahrhunderts, die gemeinsam Zeugnis von der Wahrheit Gottes in Christus abgelegt haben und nun in vollkommener Eintracht in der Gemeinschaft der Heiligen im Himmel vereint sind, der die verherrlichte Kirche ist, beweist, daß es schon jetzt eine Einheit in der einen Kirche Christi gibt.[5]
- Die eine Kirche Christi ist in der katholischen Kirche „verwirklicht"; das heißt, die katholische Kirche bringt nach ihrem eigenen Verständnis die Kirche Christi, die die

Geschichte übersteigt, in der Geschichte auf die vollständigste und bestgeordnete Weise zum Ausdruck.[6]

• Die eine Kirche Christi ist nicht voll und ganz mit der katholischen Kirche identisch: Sie „endet" nicht an den Grenzen der katholischen Kirche. Die katholische Kirche glaubt und lehrt, daß es in den christlichen Gemeinschaften, die sich außerhalb der sichtbaren Grenzen des Katholizismus befinden, „vielfältige Elemente der Heiligung und der Wahrheit" gibt.[7]

• Weder die in der katholischen Kirche gegebene Gegenwart der einen Kirche Christi in ihrer vollendetsten historischen Ausdrucksform noch die Elemente der Wahrheit und Heiligung, die in den anderen christlichen Gemeinschaften zu finden sind, sollten die Katholiken zur Selbstzufriedenheit oder Selbstgefälligkeit verleiten. Sie sind vielmehr Imperative, die die katholische Kirche dazu drängen, sich um eine vollständigere und sichtbarere christliche Einheit zu bemühen. Durch Gebet, theologischen Dialog und gemeinsamen Dienst an der Welt unterziehen sich die derzeit getrennten Elemente der einen Kirche Christi einem wechselseitigen Läuterungsprozeß.[8]

• Katholiken haben Hunderte von Millionen von Brüdern und Schwestern in Christus, die ihr christliches Leben außerhalb der formellen Strukturen der katholischen Kirche leben. Diese Brüder und Schwestern in Christus sind in gewisser Hinsicht in Gemeinschaft mit der katholischen Kirche. Denn aus katholischer Sicht sind alle Getauften Teil der katholischen Kirche, wie auch die Katholiken ein Teil von ihnen sind.[9] (Auch dieser Sichtweise liegt die analoge Vorstellung von den Gliedern eines Körpers und nicht von der Mitgliedschaft in einem Club oder einer Vereinigung zugrunde.)

• Ob andere Christen die Katholiken als ihre Brüder und Schwestern in Christus betrachten oder nicht – die Katholiken selbst haben keine Wahl: Sie können nur in dieser Weise über die anderen Christen denken. Die katholische Kirche nimmt im Weltchristentum eine einzigartige Position ein: Sie ist die einzige christliche Gemeinschaft, deren Selbstverständnis von ihr verlangt, mit allen anderen ohne Ausnahme im ökumenischen Gespräch zu sein.

- Die Entwicklung des ökumenischen Dialogs, an dem die katholische Kirche teilnimmt, wird zeigen, daß eine Wiederherstellung oder ein vollständigerer historischer Ausdruck der Einheit, die Christus seiner Kirche geschenkt hat, mit einigen christlichen Gemeinschaften weniger schwierig ist als mit anderen. Diejenigen christlichen Gemeinschaften, die an einer episkopalen Struktur, der apostolischen Sukzession in der Bischofsweihe und einem sakramentalen (oder ikonischen) Verständnis des Priestertums festgehalten haben, stehen der katholischen Kirche am nächsten und können daher eher hoffen, jene Einheit in dem einen Brot und dem einen Kelch zu verkörpern.[10]
- Das Gebet der getrennten Brüder und Schwestern in Christus ist „die Seele der ganzen ökumenischen Bewegung" und „eine Einladung an Christus selbst, die Gemeinschaft derer zu besuchen, die zu ihm flehen".[11]
- Das Petrusamt ist Teil dessen, was Christus für seine Kirche will. Wie dieses Amt ausgeübt werden soll, ist ein wichtiges Thema der ökumenischen Diskussion. Wie Papst Johannes Paul II. geschrieben hat, ist der Bischof von Rom und Nachfolger des heiligen Petrus verpflichtet, „eine Form der Primatsausübung zu finden, die zwar keineswegs auf das Wesentliche ihrer Sendung verzichtet, sich aber einer neuen Situation öffnet." Die katholische Kirche erkennt an, daß das Papsttum wiederholt eine Quelle der Zwietracht unter den Christen gewesen ist, und bittet hierfür um Vergebung. Die katholische Kirche lädt die anderen Christen ein und drängt sie sogar, auf der bereits bestehenden Gemeinschaft zwischen den Christen ihren Beitrag zum Nachdenken über ein Papsttum zu leisten, das ihren Bedürfnissen entsprechen könnte. [12] Die katholische Kirche lädt die anderen Christen ferner dazu ein, mit den Katholiken gemeinsam darüber nachzudenken, wie die Verheißung Christi, seine Kirche in der Wahrheit zu bewahren,

sich in der Kirche konkret auswirkt. Denn auf diese Verheißung stützt sich die katholische Überzeugung, daß sich der Bischof von Rom unter bestimmten, klar definierten Umständen unfehlbar zu Fragen der Glaubens- und Sittenlehre äußern kann.

So denkt die katholische Kirche über die anderen Christen und das Bemühen um die christliche Einheit.

Christen und Juden: eine gottgewollte Verflechtung

Als nächstes wäre da die große Frage nach dem Verhältnis zwischen der katholischen Kirche und dem jüdischen Volk.

Zu Beginn des dritten Jahrtausends der christlichen Geschichte stehen Katholiken und Juden an der Schwelle eines neuen Dialogs, wie es ihn nicht mehr gegeben hat, seit sich die Jesusbewegung etwa zur Zeit des Ersten Jüdischen Krieges (ca. 70 n. Chr.) von dem abgespalten hat, was später das rabbinische Judentum werden sollte. Damit dieser Dialog gelingt – und die gottgewollte Verflechtung von Christen und Juden, von der Paulus im neunten bis elften Kapitel des Römerbriefs schreibt, eine neue historische Bedeutung erhält –, muß offen ausgesprochen werden, was sich in der nicht selten verschlungenen Geschichte der katholisch-jüdischen Beziehungen verändert hat und warum.

Einige Veteranen des nachkonziliaren Dialogs, Juden wie Christen, sind der Ansicht, daß die Agenda für die jüdisch-christlichen Gespräche so gut wie erfüllt ist. Gewiß haben sich die Dinge dramatisch gewandelt, seit Papst Johannes XXIII. und das Zweite Vatikanische Konzil das Verhältnis zwischen Katholiken und Juden revolutionierten, indem sie kränkende Verweise auf das Judentum aus der Liturgie der Kirche entfernten, sich von der Anschuldigung, das jüdische Volk hätte Gott getötet, distanzierten und den Antisemitismus verurteilten. Texte in katholischen Religionslehrbüchern betonen nun Jesu jüdische Identität und das, was die Kirche ihrem jüdischen Erbe verdankt. Toleranz und Miteinander werden als moralische Grundlage für Beziehungen zwischen gesellschaftlichen Gruppen verstanden. Was den komplexen Zusammenhang zwischen der christlichen Lehre und dem Holocaust betrifft, hat die Kirche begonnen, ihr Gewissen reinzuwaschen. Der Heilige Stuhl unterhält umfassende diplomatische Beziehungen mit dem Staat Israel. Nach Ansicht einiger Veteranen des Dialogs ist die Agenda damit nahezu abgearbeitet.

Nehmen wir einmal an, das Gegenteil wäre der Fall. Nehmen wir einmal an, die wichtigsten Punkte der jüdisch-christlichen Agenda rückten gerade erst in den Blickpunkt.

Dank der willkommenen Fortschritte in den jüdisch-christlichen Beziehungen seit dem II. Vaticanum und des außerordentlich großen Wohlwollens, das Papst Johannes Paul II. beim jüdischen Volk erworben hat, stehen Katholiken und Juden heute an der Schwelle einer ganz neuartigen Beziehung. Katholiken und Juden sind im Begriff, Gespräche wiederaufzunehmen, die vor über 1900 Jahren unterbrochen worden sind – das heißt, sie sind im Begriff, zum allerersten Mal, seit sich die Wege von Juden und Christen im ersten Jahrhundert unserer Zeitrechnung getrennt haben, einen intensiven theologischen Dialog zu eröffnen.

Eben das hat Johannes Paul II. während seines gesamten Pontifikats vorweggenommen, das von bisher nie dagewesenen Fortschritten in den jüdisch-christlichen Beziehungen gekennzeichnet war. Die regelmäßigen Treffen des Papstes mit örtlichen jüdischen Gemeinden in der ganzen Welt; seine immer wiederkehrende Verurteilung der Sünde des Antisemitismus; sein historischer Besuch der Synagoge von Rom im April 1986; seine Vervollständigung der diplomatischen Beziehungen zwischen dem Heiligen Stuhl und dem Staat Israel; sein Gebet an der Westmauer des Jerusalemer Tempels – all diese Dinge, die schon an und für sich gut waren, gehörten zu einem systematischen Bemühen, den Boden vom Schutt der Jahrhunderte zu reinigen und für die eigentliche Aufgabe zu bereiten: die Wiederaufnahme des theologischen Dialogs zwischen Katholiken und Juden.

Der Papst sieht darin eine religiöse Pflicht für alle Katholiken. Bei vielen Gelegenheiten hat er gesagt, daß die Kirche nicht über sich selbst nachdenken kann, ohne über das Judentum nachzudenken. Aus katholischer Sicht ist das Judentum keine weitere „Weltreligion“, sondern eine Religion, die zum Inneren unserer eigenen Religion gehört und ohne die das Christentum gar nicht denkbar wäre.[13] Die Juden, so Johannes Paul, sind unsere älteren Brüder und Schwester im Glauben. Wie der heilige Paulus im Römerbrief lehrt auch Johannes Paul, daß Gottes Bund mit den „Nachkommen Abrahams“ unwiderruflich ist; ferner glaubt Johannes Paul, daß Juden und Christen einen einzigartigen Auftrag haben, eine Frucht dieses Bundes – die Zehn Gebote – in eine moralisch darniederliegende und verwirrte Welt hineinzutragen. Aus all diesen Gründen ist ein theologischer Dialog zwischen Katholiken und Juden unverzichtbar.

Es wird einiges an Arbeit kosten, diesen neuen Dialog in Gang zu setzen. Juden werden sich fragen, ob nicht vielleicht unter dem Deckmantel des „theologischen Dialogs“ Proselytenmacherei betrieben werden soll. Am Anfang eines neuen Jahrhunderts ist die Gemeinschaft der amerikanischen Juden, die als einzige Gemeinschaft in der jüdischen Welt groß und selbstsicher genug ist, sich auf diese Art von Dialog einzulassen, in heftige Debatten über ihren eigenen Charakter und ihre in demographischer Hinsicht ungewisse Zukunft verstrickt. In dieser Situation mag es unzeitgemäß und vielleicht sogar kontraproduktiv erscheinen, wenn Katholiken ihren jüdischen Freunden nahelegen, es sei an der Zeit, einen ernsthaften Dialog mit der katholischen Kirche zu beginnen. Überdies hat das Christentum im jüdischen Verständnis nicht denselben Platz wie das Judentum im christlichen Verständnis.

Dennoch haben einige der größten jüdischen Denker des zwanzigsten Jahrhunderts – Martin Buber, Franz Rosenzweig, Abraham Joshua Heschel – sich zu ihrer Zeit mit der Frage auseinandergesetzt, wie sich das Christentum (das seine Bibel, seine Liturgie und den grundlegenden theologischen Wirklichkeitszugang vom jüdischen Volk geerbt hat) in Gottes Heilsplan für die Welt so, wie die Juden ihn sehen, einordnen läßt. Einige der führenden jüdischen Denker unserer Tage haben diese Frage wiederaufgegriffen. Im September 2000 haben 170 nordamerikanische jüdische Wissenschaftler und religiöse Würdenträger eine Erklärung über die Christen und das Christentum mit dem Titel „Sprich die Wahrheit" (auf hebräisch „Dabru Emet") herausgegeben, die aus acht Punkten besteht:

- Juden und Christen beten zu demselben Gott.
- Juden und Christen stützen sich auf die Autorität desselben Buchs, der jüdischen Bibel, und ziehen daraus ähnliche Lehren.
- Christen können den jüdischen Anspruch auf das Land Israel respektieren.
- Juden und Christen teilen dasselbe sittliche Grundrecht einschließlich der Achtung vor der Heiligkeit und Würde jedes menschlichen Lebens.
- Der Nationalsozialismus war kein christliches Phänomen, auch wenn das christliche antijüdische Vorurteil dem Antisemitismus der Nazis den Boden bereitet hat.
- Die Unterschiede zwischen Juden und Christen werden erst aufgehoben werden, wenn Gott die ganze Welt erlöst.
- Ein neuer religiöser Dialog mit den Christen wird die jüdische Praxis nicht schwächen und die jüdische Anpassung nicht beschleunigen.
- Juden und Christen müssen sich gemeinsam für Gerechtigkeit und Frieden einsetzen.

Diese Punkte stellen uns einen reichen Neubeginn der religiösen Begegnung zwischen dem Katholizismus und seinem Vorläufer, dem lebendigen Judentum, in Aussicht.[14]

Auserwählung, Bund, messianische Hoffnung – die Vorstellung, daß Juden und Christen nun kurz davor stehen, das Gespräch über diese Fragen wiederaufzunehmen, das vor über 1900 Jahren auf tragische Weise unterbrochen wurde, ist ungeheuer aufregend, macht aber auch demütig. Außerdem stellt diese Möglichkeit einige überkommene Meinungen in Frage: daß die einzigen „judentauglichen" Christen jene Christen sind, die Christus im wesentlichen aufgegeben haben; daß der einzige judentaugliche Staat außerhalb Israels ein gänzlich laizistischer Staat ist; daß das Judentum nur als ethnische Gruppe mit liberalem politischem Engagement eine Zukunft hat und mit Christen zusammenarbeiten kann, die ähnliche politische Überzeugungen haben. Wenn zwischen dem Judentum und dem Christentum ein Dialog der religiösen Leere geführt wird, vermag dies weder den Juden Sicherheit noch den Christen Erleuchtung zu schenken. Die katholische Kirche regt dem lebendigen Judentum gegenüber an, daß nur eine respektvolle Begegnung zwischen unseren tiefsten Überzeugungen – der jüdischen Überzeugung von der Auserwählung des Volkes Israel und der christlichen Überzeugung, daß der Gott Abrahams, Moses, Jesajas und Jeremias sich in Jesus Christus endgültig geoffenbart hat – die Dämonen der vergangenen Jahrhunderte austreiben, die Wunden des Vorurteils heilen und eine andere Zukunft gestalten kann.

Aus katholischer Perspektive gibt es keine Begegnung mit Christus, in der man nicht zugleich auch dem Bund Gottes mit Israel und mit dem jüdischen Volk begegnet, die Träger der messianischen Verheißung sind. Aus katholischer Sicht ist die Beziehung zwischen Juden und Christen von Anfang an als fortdauernde und providentielle Verflechtung angelegt.

Können gläubige Juden diese Überzeugung teilen? Vielleicht mit einer leichten Abwandlung. In der jüdischen Vorstellung kann das Christentum niemals einen Platz einnehmen, der dem Platz des Judentums im christlichen Bewußtsein symmetrisch entspricht. Das schließt aber nicht aus, daß gläubige Juden im Christentum einen Ausdruck der Heilsabsichten Gottes sehen können. Offenbar ist dies die gedankliche Richtung, die auch die jüdischen Unterzeichner der Erklärung „Sprich die Wahrheit" aufzeigen wollen. Und

Joseph Kardinal Ratzinger denkt diese Gedanken noch ein Stück weiter; er schreibt: „Wenn Israel nicht wie die Christen in Jesus den Sohn Gottes sehen kann, so ist es ihm doch nicht einfach unmöglich, in ihm den Knecht Gottes zu erkennen, der das Licht seines Gottes zu den Völkern trägt.“[15]

Jesus, der Sohn Davids, ist der, durch den der Gott Israels, der eine und wahre Gott, zum Gott aller Völker wird. Jesus, der gesagt hat, er sei gekommen, um das mosaische Gesetz zu erfüllen (Mt 5,17), ist der, durch den die Zehn Gebote, die Israel gegeben wurden, zum sittlichen Erbe „der Weltvölker“ werden. Eine ernsthafte Auseinandersetzung mit diesen beiden Lesarten der christlichen Geschichte und ihrer unzerreißbaren Bindung an das Judentum würde dem dritten Jahrtausend der providentiellen, aber nicht selten schmerzlichen Verflechtung von Katholiken und Juden einen verheißungsvollen Anfang bescheren.

Wer wird gerettet? Wie?

„Vatikan beansprucht kirchliches Erlösungsmonopol“, so lautete die Schlagzeile in der *Washington Post.* Die katholische Kirche lehrt, daß „ein Mensch nur durch Jesus Christus und die römisch-katholische Kirche vollständige und ewige Erlösung erlangen kann“, erfuhren die Hörer des *National Public Radio.*[16] Im September 2000 hatte die Kongregation für die Glaubenslehre ihre Erklärung *Dominus Iesus* veröffentlicht, und die reißerische Berichterstattung der Medien schien dem interreligiösen Dialog im neuen Jahrhundert und Jahrtausend nicht eben eine glanzvolle Zukunft zu verheißen. Tatsächlich gaben die Schlagzeile in der *Post* und der Beitrag im *NPR* allerdings eher über die philosophischen und theologischen Verwirrungen der fraglichen Redakteure und Reporter als über die Lehre der katholischen Kirche Aufschluß. Aus katholischer Sicht ist der interreligiöse Dialog ebenso wie die Ökumene viel zu wichtig, um zuzulassen, daß daraus lediglich eine weitere Form der *Political Correctness* wird.

Das katholische Verständnis des Dialogs zwischen den Weltreligionen und des interreligiösen Dialogs ist nicht vom katholischen Verständnis des Mysteriums der Welterlösung zu trennen. Dieses Verständnis ist sehr spezifisch und bemerkenswert offen. Papst Johannes Paul II. hat es 1990 in seiner Enzyklika *Redemptoris Missio* wie folgt zusammengefaßt:

> Während die Kirche anerkennt, daß Gott alle Menschen liebt und allen die Möglichkeit gibt, ihr Heil zu wirken (vgl. 1 Tim 2,4), glaubt sie doch, daß Gott Christus als einzigen Mittler eingesetzt hat und daß sie selbst als Sakrament umfassenden Heiles bestellt ist [...] Man muß diese beiden Wahrheiten zusammen gegenwärtig haben, die tatsächlich gegebene Möglichkeit des Heiles in Christus für alle Menschen und die Notwendigkeit der Anwesenheit der Kirche für dieses Heil. Beide tragen bei zum Verständnis des einen Heilsgeheimnisses. So können wir der Barmherzigkeit Gottes und unserer Verantwortung gewahr werden [...]
>
> Die Universalität des Heiles bedeutet nicht, daß es nur jenen gilt, die ausdrücklich an Christus glauben und in die Kirche eingetreten sind. Wenn das Heil für alle ist, muß es allen zur Verfügung stehen. Aber es ist klar, daß es heute, wie dies früher der Fall war, viele Menschen gibt, die keine Möglichkeit haben, die Offenbarung des Evangeliums kennenzulernen und sich der Kirche anzuschließen [...] Für sie ist das Heil in Christus zugänglich kraft der Gnade, die sie zwar nicht förmlich in die Kirche eingliedert – obschon sie geheimnisvoll mit ihr verbunden sind –, aber ihnen in angemessener Weise innerlich und äußerlich Licht bringt. Diese Gnade kommt von Christus, sie ist Frucht seines Opfers und wird vom Heiligen Geist geschenkt: sie macht es jedem Menschen möglich, bei eigener Mitwirkung in Freiheit das Heil zu erlangen.[17]

Lehrt die katholische Kirche, daß nach Gottes Willen alle gerettet werden sollen? Ja. Lehrt die katholische Kirche, daß die Rettung der Welt durch das Kreuz Jesu Christi möglich geworden ist? Ja. Glaubt die katholische Kirche, daß es auch für die, die Christus nicht kennen, Rettung geben kann? Ja. Glaubt die katholische Kirche, daß auch die Rettung derer, die Christus nicht kennen, in irgendeiner Weise durch Christus möglich geworden ist, unabhängig davon, ob die Geretteten jemals von ihm gehört haben oder nicht? Ja. Glaubt die katholische Kirche, daß dadurch alle Geretteten in irgendeiner Beziehung zur katholischen Kirche stehen? Ja.

Das alles wirkt vielleicht wie eine Übung darin, es allen recht zu machen. In Wirklichkeit aber ist dies der Versuch der katholischen Kirche, die radikale Allgemeinheit der Liebe Gottes zur Welt und die radikale Besonderheit der Selbstoffenbarung Gottes in Jesus Christus auf doktrineller Ebene zum Ausdruck zu bringen. Beides gehört zusammen. Die Kirche kann nicht glauben, daß Christus irgend etwas anderes ist als der einzige Erlöser der Welt; die Kirche kann nichts anderes glauben als daß Gott die Rettung aller will, unabhängig davon, ob sie jemals von Christus oder der katholischen Kirche gehört haben oder nicht.

Wie die Rettung derer, die nie von Christus gehört haben oder nicht an ihn glauben, durch Christus (und damit auch durch die Kirche) gewirkt wird, versteht die katholische Kirche, wie sie freimütig bekennt, selbst nicht. Die Erklärung *Dominus Iesus* wurde allgemein als arrogant kritisiert, ist aber so demütig, mit dem Zweiten Vatikanischen Konzil zu bekennen, daß Gott den einzelnen Nichtchristen die Erlösung auf Wegen schenkt, „die er [allein] weiß". *Dominus Iesus* zitierte das Konzil auch insofern, als es die Christen daran erinnerte, daß sie ihre privilegierte Position in der Kirche nicht ihren Verdiensten, sondern einzig und allein der Gnade Christi verdanken.[18] Für Arroganz ist hier kein Platz, wohl aber für Staunen – und theologische Spekulation. Die Kirche weiß nicht genau, *wie* Gott die Gerechten errettet, die nicht von Jesus Christus gehört haben oder nicht an ihn glauben. Die Kirche weiß nur, *daß* Gott es tut.

Warum Mission?

Wenn Gott die Rettung aller will und wenn die Rettung auch für diejenigen erreichbar ist, die Christus niemals begegnet sind, welchem Zweck dient dann die christliche Mission? In *Redemptoris Missio* nennt Johannes Paul II. sechs Punkte. Die Kirche selbst ist ihrem Wesen nach Mission; diesen missionarischen Charakter aufzugeben würde zwischen der Kirche des dritten Jahrtausends und der Kirche des Neuen Testaments einen Bruch herbeiführen.[19] Die christliche Mission ist ein Weg, Christi Gebot der Nächstenliebe zu erfüllen. Der Dienst der Kirche an der Welt besteht „vorrangig" darin, daß sie Jesus Christus verkündigt und anderen die Möglichkeit bietet, ihm zu begegnen.[20] Die christliche Mission ist zudem eine Erfüllung der christlichen Pflichten an anderen, die ein Recht haben, von Christus zu erfahren, damit sie überhaupt die Option haben, an ihn zu glauben. [21]

Die christliche Mission, so gibt der Papst ferner zu bedenken, stärkt die christliche Einheit. Christliche Uneinigkeit behindert die Verkündigung des Evangeliums, und eine Kirche, die ihre missionarische Verantwortung ernstnimmt, muß auch die Ökumene ernstnehmen.[22] Missionarisches Engagement ist der Maßstab des christlichen Glaubens. Wenn Christen wirklich glauben, daß Gott sie in Christus gerettet hat, dann werden sie sich gedrängt fühlen, das Evangelium Christi mit anderen zu teilen. Mission ist mit anderen Worten das, was Gott von uns verlangt. Wenn die christliche Mission scheitert, mag dies zwar nicht die Rettung der anderen, wohl aber die Rettung von Christen gefährden, die, wenn sie anderen nicht von Christus erzählen, letztlich darin scheitern, Gottes Willen zu tun.[23]

Die Kirche ist zu allen Völkern gesandt, und diese Sendung setzt einen uneingeschränkten Respekt vor der menschlichen Freiheit voraus. Die missionarische Methode der Kirche muß die Methode der Freiheit sein: Im Schreiben Johannes Pauls sind die wichtigen Begriffe kursiv gedruckt: *„Die Kirche schlägt vor, sie drängt nichts auf:* Sie respektiert die

Menschen und Kulturen, sie macht Halt vor dem Heiligtum des Gewissens."[24]

Diese „Methode der Freiheit" prägt auch den katholischen Zugang zum interreligiösen Dialog. Weil sie eine missionarische Kirche und davon überzeugt ist, daß alle Wahrheiten zu der einen Wahrheit, nämlich Gott, in Beziehung stehen, ist die katholische Kirche zu einer genuin dialogischen Begegnung mit den anderen Weltreligionen fähig. Die erste Frage, die die katholische Kirche nicht nur im interreligiösen Dialog, sondern auch in ihrem missionarischen Wirken stellt, lautet nicht: „Warum sind Sie nicht katholisch?", sondern: „Nach welcher Wahrheit richten Sie Ihr Leben aus?" Innerhalb einer von beiderseitigem Respekt geprägten Auseinandersetzung mit den Wahrheiten des Menschseins wird die Kirche sich selbst und die Wahrheit, die sie in die Welt zu tragen glaubt, erklären. Diese Erklärung ist ein Vorschlag, der die Form einer Frage annimmt: „Haben Sie den Eindruck, daß die Wahrheit, wie Sie sie sehen, im Licht Christi vielleicht noch besser erhellt werden könnte?" Weil die katholische Kirche glaubt, daß alle echten Wahrheiten in dieser Welt auf die eine große Wahrheit über die Welt hinweisen – daß nämlich die Welt von Gott stammt und auf Gott hin geschaffen ist –, kann die katholische Kirche sich mit anderen Weltreligionen auf jene Art von Dialog einlassen, der Skeptikern ebenso wie Fanatikern beweist, daß aus der Begegnung zwischen Überzeugungen nicht nur Konflikte, sondern auch Gespräche erwachsen können. In unserem einundzwanzigsten Jahrhundert, in dem Gemeinschaften und Bewegungen religiöser Aktivisten eine große Rolle spielen werden, ist das keine Kleinigkeit.

Schließlich verstärken der Sendungsauftrag der Kirche und das kirchliche Engagement für den interreligiösen Dialog auch das kirchliche Engagement für die Religionsfreiheit. Aus katholischer Sicht ist die Religionsfreiheit das erste Menschenrecht – nicht, weil sie der Kirche hilft, das Beste aus ihrer Situation zu machen, sondern weil dieses Recht aus dem erwächst, was das Menschlichste am Menschen ist:

dem Durst nach der Wahrheit des Lebens. Der katholische Einsatz für die Religionsfreiheit ist ein Einsatz für die Religionsfreiheit eines jeden.

Unterschiedliche Kulturen und unterschiedliche Weltreligionen sind, wie Johannes Paul II. 1995 vor den Vereinten Nationen sagte, „nichts anderes als verschiedene Weisen [...] an die Frage über den Sinn des persönlichen Daseins heranzugehen." Kernstück einer jeden Kultur ist das je eigene Streben, „dem größten aller Geheimnisse näherzukommen: dem Geheimnis Gottes."[25] Es kann keinen echten Respekt vor der menschlichen Person ohne Respekt vor dem Heiligtum des Gewissens geben, in dem dieses Geheimnis und seine Wahrheiten erwogen werden. Es kann keinen gerechten Staat geben, der dieses Heiligtum nicht anerkennt und nicht mit aller Strenge darauf achtet, daß es nicht mißbraucht wird. Eines der großen Ziele des interreligiösen Dialogs muß darin bestehen, ein universales Engagement für die Priorität der Religionsfreiheit zu fördern.

Das Festhalten der Kirche an ihrem missionarischen Charakter und ihr Engagement für einen auf der Wahrheit basierenden interreligiösen Dialog sind Teil der kirchlichen Antwort an diejenigen, die behaupten, jede Begegnung zwischen endgültigen Überzeugungen führe zwangsläufig zum bewaffneten Konflikt. Ein staatlich verordneter Laizismus ist eine ebensolche Bedrohung für den zivilen Frieden, wie es auch eine Zwangsreligion sein kann. Allen, die ihren Laizismus oder ihre Religion mit Gewalt durchsetzen wollen, sagt die Kirche: Die besten Voraussetzungen, um die Menschenrechte zu achten, die Religionsfreiheit zu schützen und eine menschliche Gemeinschaft des Dialogs und nicht der Konfrontation aufzubauen, bringen diejenigen Menschen mit, die glauben, daß sie Gottes Willen erfüllen, wenn sie die Überzeugungen ihrer andersgläubigen Mitmenschen respektieren.

9. Ist der Katholizismus demokratietauglich?

Freiheit zur Vortrefflichkeit im öffentlichen Leben

Arthur M. Schlesinger Sr., ein herausragender Historiker, hat einmal gesagt, „das tiefste Vorurteil in der Geschichte des amerikanischen Volkes“ sei der Verdacht, daß die katholische Kirche nicht wirklich demokratietauglich sei. Wie auch immer man die hartnäckigen Vorurteile in Amerikas nationaler Psyche staffeln will – das Mißtrauen gegenüber dem Einfluß des Katholizismus auf die Demokratie hat einen langen und erlauchten Stammbaum.

Schulkinder im Neuengland des siebzehnten Jahrhunderts lernten ein Lied ungefähr folgenden Inhalts: „Verabscheut Rom, das Hurenweib, / Und ihre Blasphemie, / Trinkt nicht von dem verfluchten Trank, / Folgt ihren Worten nie.“ John Adams schreibt 1774 vom Kontinentalkongreß in Philadelphia einen Brief an seine Frau Abigail und schildert seinen Besuch in der „Römischen Kapelle“ mit gehässigen Worten:

> Die Darbietung hat mich furchtbar aufgeregt: diese armen Teufel, die an ihren Perlen herumfingerten, lateinische Gesänge sangen, von denen sie kein Wort verstanden [...] ihr heiliges Wasser; ihr ständiges Sich-Bekreuzigen; ihre Verbeugungen, wann immer sie den Namen Jesu hörten; ihre Verbeugungen, ihr Knien und ihre Kniebeugen vor dem Altar [...] Alles ist da, was das Auge, das Ohr und die Phantasie gefangennehmen kann – alles, was die schlichten und unwissenden Gemüter bezaubern und behexen

kann. Ich frage mich, wie es Luther gelungen ist, diesen Bann zu brechen.

Eines der meistverkauften Bücher im Vorbürgerkriegsamerika war ein verlogener und greller Reißer mit dem Titel *Maria Monk's Awful Disclosures of the Hotel Dieu Nunnery in Montreal,* der angebliche sexuelle Eskapaden in einem Kloster enthüllte. Mark Twain, ein Mann mit einem erfrischend skeptischen Blick auf die meisten überkommenen Ansichten, gestand einmal freimütig: „Ich bin zur Feindschaft gegenüber allem erzogen worden, was katholisch ist." Francis Parkmans epische siebenbändige Untersuchung *France and England in North America* interpretiert die Geschichte von zweihundert Jahren als einen einzigen großen Kampf zwischen der Partei der Freiheit (dem protestantischen England) und der Partei des Autoritarismus (dem katholischen Frankreich).

Von der Kolonialzeit bis in die Mitte des zwanzigsten Jahrhunderts spiegelte sich die Furcht, daß der Katholizismus die amerikanischen Freiheiten gefährde, in alten religiösen und ethnischen Vorurteilen wider. Nach dem Zweiten Weltkrieg änderten die, die die katholische Demokratietauglichkeit in Zweifel zogen, ihren Kurs. In seinem Bestseller von 1949, *American Freedom and Catholic Power,* erklärte Paul Blanshard, die Vereinigten Staaten hätten ein „katholisches Problem." Die katholische Kirche, so schrieb Blanshard, sei ein „undemokratisches System der Fremdkontrolle", in dem Laien von der „absoluten Herrschaft des Klerus" an die Kette gelegt würden. Ein Jahr später verglich Blanshard in *Communism, Democracy, and Catholic Power* die „beiden fremden und undemokratischen Zentren" Moskau und Rom und machte auf angebliche Parallelen zwischen ihren „Machtstrukturen", ihrem „Umgang mit der Wahrheit", ihrer „Gedankenkontrolle" und ihrer „Infiltrierungsstrategie" aufmerksam. Hierbei handelte es sich jedoch, wie Blanshards tüchtigster katholischer Kritiker, Pater John Courtney Murray S.J., als Antwort auf diese Räuberpistolen schrieb, nicht um den alten, auf dem Protestantismus gründenden antikatholischen Nativismus, sondern um einen „neuen Nativismus“, der sich mit der Auffassung Gehör verschaffen wollte, daß Demokratie und transzendente moralische Normen nicht miteinander zu vereinbaren seien.

Aus der Sicht dieses neuen Nativismus, den man auch als radikalen Laizismus bezeichnen könnte, war der Katholizismus das größte institutionelle Hindernis auf dem Weg zur Verwirklichung eines großen politischen Projekts: die Vereinigten Staaten zu einem Land zu machen, in dem religiös begründete Werte und Argumente im öffentlichen Leben keinen Platz mehr haben. Dieses Projekt besteht bis heute fort. In demselben Jahr, als die Berliner Mauer fiel, warnten die Herausgeber der *New York* Times die katholischen Bischöfe der Vereinigten Staaten davor, daß eine allzu nachdrückliche Ausübung ihres Lehramts im Zusammenhang mit der Abtreibungsfrage den „Waffenstillstand der Toleranz“ beenden könne, der es den Katholiken erlaube, als Bürger in einem mehrheitlich nichtkatholischen Land zu leben. Ein Jahr später schrieb der für die Editorialseite verantwortliche Redakteur des *Philadelphia Inquirer,* daß „die römisch-katholische Kirche [...] buchstäblich eine unamerikanische Institution“ sei. Während einer in den 1990ern in Pennsylvania geführten Debatte über die Schulwahl sagte der Vorsitzende des örtlichen Lehrerverbands seinem Direktorium, „der Feind der öffentlichen Bildung im Staat Pennsylvania“ sei „die katholische Kirche. Wenn die katholische Kirche noch heute verschwinden und aufhören würde, zu existieren, wäre es besser für uns alle.“

In alledem liegt eine tiefe Ironie. Im achtzehnten und neunzehnten Jahrhundert konnten sich die bigotten Antikatholiken in Amerika zumindest noch auf die offizielle römische Skepsis gegenüber jener neuen politischen Einrichtung berufen, die „Demokratie“ genannt wurde. Doch in den vergangenen dreißig Jahren hat die katholische Kirche in Sachen Demokratieförderung vielleicht sogar weltweit die Führung übernommen.

Wie sogar Michail Gorbatschow unumwunden eingesteht, haben Papst Johannes Paul II. und der katholische Widerstand in Ost- und Mitteleuropa einen großen Beitrag zum Zusammenbruch des europäischen Kommunismus und des gewaltlosen Übergangs zur Demokratie in den ehemaligen Warschauer-Pakt-Staaten geleistet. In den Jahren 1985 und 1986 drängten die Bischöfe der Philippinen katholische Priester, Ordensleute und Laien, die People-Power-Revolution gegen die Marcos-Diktatur zu unterstützen, und so gingen die Menschen zu Hunderttausenden auf die Straße, um die Demokratie in ihrem Land wiederherzustellen. In ganz Lateinamerika war die katholische Kirche eine treibende Kraft in den Demokratieprozessen der 1980er und 1990er Jahre; so kann der Anfang vom Ende der Pinochet-Diktatur in Chile mit dem Besuch in Zusammenhang gebracht werden, den Papst Johannes Paul II. diesem Land 1987 abstattete. Und auch bei der demokratischen Umgestaltung eines traditionell nichtchristlichen Landes wie Südkorea hat sie eine wichtige Rolle gespielt.

Angesichts dieser erdrückenden Beweislast kann man den Vorwurf, die katholische Kirche sei in sich undemokratisch, eigentlich nur als dumm oder als böswillig bezeichnen. Und doch besteht er weiter. Warum? Weil sich im Grunde ein ganz anderes Argument dahinter verbirgt.

Die eigentliche Frage, um die es heute geht, ist nicht die, ob der Katholizismus demokratietauglich ist, sondern, für welche Art von Demokratie er taugt. Die heutigen Kirchenkritiker sind in vielen Fällen direkte Abkömmlinge von Paul Blanshard und seinem neuen laizistischen Nativismus, und die katholische Kirche ist das größte institutionelle Hindernis auf dem Weg zu einem vollkommen säkularisierten öffentlichen Leben in den Vereinigten Staaten. Diese Zukunftsvision sieht es nicht vor, daß in der demokratischen Debatte unwandelbare, verbindliche moralische Wahrheiten verfochten werden – natürlich abgesehen von der „absoluten Wahrheit", daß es keine absoluten moralischen Wahrheiten gibt. Verbindliche moralische Wahrheiten sind nach Ansicht der Verfechter dieser Art von Säkularismus mit der Demokratie nicht zu vereinbaren, weil die moralische Wahrheit uns nicht gleichzeitig binden und befreien kann.

Die Gründer der amerikanischen Gesellschaft, die sich mit „Leben, Freiheiten und geheiligter Ehre" einer auf „selbstverständlichen" moralischen Wahrheiten über das Leben, die Freiheit und das Streben nach Glück basierenden Demokratie verschrieben hatten, sahen das natürlich ganz anders. Überzeugungen von der Unwandelbarkeit dieser selbstverständlichen Wahrheiten beseelen noch heute Millionen von Amerikanern jeder oder auch gar keiner religiösen Zugehörigkeit. Und deshalb wird die Debatte fortgesetzt werden – und hoffentlich zu einer treffenderen Einschätzung dessen führen, was wirklich auf dem Spiel steht.

Was wird die katholische Kirche in diese Debatte einbringen? Was glaubt und was lehrt die katholische Kirche von der Demokratie?

Demokraten machen

1987 wurde Papst Johannes Paul II. auf seinem Flug nach Südamerika von einem Reporter gefragt, ob er das Pinochet-Regime drängen werde, die Demokratie in Chile wiederherzustellen. Die Antwort des Papstes war aufschlußreich: „Ich bin nicht der Verkündiger der Demokratie. Ich bin der Verkündiger des Evangeliums. Zur Botschaft des Evangeliums gehören natürlich alle menschenrechtlichen Probleme, und wenn Demokratie soviel heißt wie Menschenrechte, dann gehört auch sie zur Botschaft der Kirche."[1]

Die in dieser Äußerung aufgestellte Rangfolge ist nicht zufällig, und sie zeigt, wie einige der bereits untersuchten Themen das heutige Demokratieverständnis des Katholizismus prägen.

An erster Stelle steht die Verkündigung des Evangeliums, denn die Kirche ist dazu da, den Menschen die Botschaft von der leidenschaftlichen Liebe Gottes zur Welt zu bringen.

Das Evangelium ist jedoch keine Privatangelegenheit. Das Evangelium hat öffentliche Implikationen, denn wenn man die unveräußerliche Würde und den unendlichen Wert, mit dem der Schöpfer die Menschen ausgestattet hat, verteidigt, dann ist das eine öffentliche Angelegenheit. Zu den Auswirkungen des Evangeliums auf den öffentlichen Bereich gehört etwa die Bildung von Kulturen: Eine von einer christlichen Sicht der menschlichen Person geprägte Kultur wird bestimmte Arten von Politik bejahen, weil sie mit der Würde von Männern und Frauen vereinbar sind, und sie wird andere ablehnen, weil sie mit ebendieser Würde nicht vereinbar sind. Der Entwurf von Regierungsprogrammen oder die Lenkung von Staaten ist nicht Sache der Kirche; Sache der Kirche ist es, solche Menschen zu formen, die Regierungsprogramme entwerfen und Staaten lenken können, in denen auf dem Boden der Freiheit ein authentisches und erfülltes Menschsein gedeiht. Von der Verkündigung des Evangeliums über die Bildung der Kultur hin zum politischen Wandel: das ist die öffentliche Strategie der katholischen Kirche im einundzwanzigsten Jahrhundert, eine Strategie, die in den letzten Jahrzehnten des zwanzigsten Jahrhunderts von Papst Johannes Paul II. erfolgreich angewandt worden ist.

Um es anders auszudrücken: die katholische Kirche sieht die Demokratie durch das Prisma ihrer Überzeugungen von der Natur des Menschen, ihrem Hunger nach dem Guten und ihrer Sehnsucht nach einer wahrhaft befreienden Freiheit. Diese Überzeugungen darüber, wer wir sind, führen ihrerseits zu bestimmten Überzeugungen im Hinblick auf die Politik, die eine wesentliche menschliche Aktivität darstellt. In der katholischen Sicht der derzeitigen politischen Ordnung ist die Demokratie nicht einfach nur ein Gefüge aus Institutionen und Verfahrensweisen des Wählens, der Gesetzgebung, der Rechtsprechung und der Exekutive. Demokratie ist ein bestimmter Stil des öffentlichen Lebens, eine Art und Weise, politische Gemeinschaft zu sein. Dieser Stil des öffentlichen Lebens zeichnet sich aus durch Gleichheit vor dem Gesetz, Beteiligung an Entscheidungsfindungen, ziviles Miteinander, Leidenschaft für Gerechtigkeit und Engagement sowohl für die individuelle Freiheit als auch für das Gemeinwohl. Die demokratische Lebensweise schafft die Voraussetzungen für die Verfahrensweisen und Institutionen der Demokratie – Wahlen, Gesetzgebung, Gerichte und so fort.

Demokratie ist mit anderen Worten keine Maschine, die von alleine läuft. Die katholische Kirche hat lange Zeit über Staatsführung und öffentliches Leben nachgedacht. Auf der Grundlage ihrer jahrhundertelangen Erfahrung ist die Kirche davon überzeugt, daß es einer bestimmten Art von Menschen bedarf, damit eine Demokratie funktioniert. Diese Menschen haben die Werte – die moralischen Wahrheiten – verinnerlicht, die uns lehren, zivil, tolerant, respektvoll, kurz: demokratisch zu sein.

Die Institutionen der Demokratie sind darauf angewiesen, daß es in einer Gesellschaft eine kritische Masse von Demokraten gibt. Diese kritische Masse – die die Polittheoretiker „Zivilgesellschaft" nennen – wird durch moralische Überzeugungen gebildet: über Rechte und Pflichten, über das richtige Verhältnis zwischen Regierenden und Regierten, über den Rechtsstaat und die Bedeutung von Gerechtigkeit. Diese Überzeugungen fliegen uns nicht einfach zu. Jeder Zweijährige ist von Natur aus ein Tyrann. All diese Zweijährigen müssen erst lernen, Demokraten zu sein. Sie lernen es von ihren Eltern; von Nachbarn, Verwandten und Freunden. Und von der katholischen Kirche, die Junge wie Alte über die Würde der menschlichen Person belehrt.

Das Fundament des Hauses der Freiheit

Dieses Demokratieverständnis steht natürlich in scharfem Gegensatz zu der Vorstellung, daß Demokratien wertneutral sein müssen. Diese in Westeuropa, Nordamerika, Australien und Neuseeland weitverbreitete Vorstellung hat zu Beginn der 1990er Jahre auch in einigen der neuen Demokratien des östlichen Mitteleuropa an Akzeptanz gewonnen. In seiner 1991 erschienenen *Enzyklika Centesimus Annus* forderte Papst Johannes Paul II., einer der Architekten der freiheitlichen Revolution in jenem Teil der Welt, die alten und neuen Demokratien mit einem Entwurf zu einem weitaus reicheren und edleren demokratischen Experiment heraus. Nachdem er noch einmal deutlich gemacht hat, daß die Kirche die Demokratie schätzt, weil sie die Beteiligung am öffentlichen Leben, den öffentlichen Dienst und die Entschlossenheit unterstützt, Konflikte eher durch das Gesetz als durch Gewalt zu lösen, wendet sich der Papst direkt der Frage nach den kulturellen Grundlagen der Demokratie zu:

> Eine wahre Demokratie ist nur in einem Rechtsstaat und auf der Grundlage einer richtigen Auffassung vom Menschen möglich [...] Heute neigt man zu der Behauptung, der Agnostizismus und der skeptische Relativismus seien die Philosophie und die Grundhaltung, die den demokratischen politischen Formen entsprechen. Und alle, die überzeugt sind, die Wahrheit zu kennen, und an ihr festhalten, seien vom demokratischen Standpunkt her nicht vertrauenswürdig, weil sie nicht akzeptieren, daß die Wahrheit von der Mehrheit bestimmt werde bzw. je nach dem unterschiedlichen politischen Gleichgewicht schwanke. In diesem Zusammenhang muß gesagt werden, daß dann, wenn es keine letzte Wahrheit gibt, die das politische Handeln leitet und ihm Orientierung gibt, die Ideen und Überzeugungen leicht für Machtzwecke mißbraucht werden können. Eine Demokratie ohne Werte verwandelt sich, wie die Geschichte beweist, leicht in einen offenen oder hinterhältigen Totalitarismus.[2]

Das letzte Wort tut weh. Will der Papst etwa sagen, daß die Demokratien, die sich im zwanzigsten Jahrhundert zweimal gegen den Totalitarismus durchgesetzt haben, Gefahr laufen, nun selbst zu dem zu werden, in dessen Bekämpfung sie soviel Blut und Geld gesteckt haben? In der Tat meinte der Papst genau das, doch mit einem entscheidenden Unterschied: Johannes Paul fürchtete keinen neuerlichen Ausbruch des Faschismus, Nationalsozialismus oder Kommunismus; die Zeit dieser politischen Überzeugungen war vorbei, das wußte er. Die Gefahr der Gegenwart war viel subtiler.

Es handelte sich um eine neue Art der Tyrannei, die, gerade weil sie nicht so greifbar war wie ein Nazipanzer oder eine Sowjetrakete, eine um so größere Bedrohung darstellte. Diese neuartige Tyrannei verbarg sich hinter der Vorstellung, die Demokratie sei eine wertneutrale Maschine, die von selber läuft: eine Maschine, die Politik und öffentliche Ordnung und Gesetzgebung und Rechtsprechung und alles übrige „produzieren" kann und dabei ganz ohne transzendente moralische Bezugspunkte auskommt. Es ging gar nicht um die Gefahr einer neuen Tyrannei der rohen Gewalt. Doch wenn eine Demokratie die Erwägung moralisch verbindlicher Normen ganz aus dem Horizont ihres öffentlichen Lebens herausstreicht und dies damit begründet, daß moralische Wahrheit entweder illusorisch oder sektiererisch sei, dann führt dies zwangsläufig zu einer Gesellschaftsform, in der Konflikte nur mit Gewalt gelöst werden können.

In einer solchen Demokratie gäbe es eine Gruppe von „Gewinnern", die durch neue Gesetze, Gerichtsurteile oder unverhülltere Zwangsmaßnahmen allen anderen ihre Meinung aufnötigen würden. Die Verlierer ihrerseits würden sich mit Recht benachteiligt fühlen. Und das Ergebnis wäre der Zusammenbruch der demokratischen politischen Gemeinschaft – der Zivilgesellschaft, die die demokratische Selbstregierung überhaupt erst ermöglicht. Chaos und eine gewisse Form der Tyrannei wären die unabwendbaren Folgen. Eine Demokratie ohne Werte frißt ihre eigenen Kinder. Freiheit ohne moralische Wahrheiten wird selbst zu ihrem schlimmsten Feind.

Eben das meinte Johannes Paul, als er schrieb, daß die Demokratien Gefahr liefen, sich in einen „hinterhältigen Totalitarismus" zu verwandeln. Der Papst, der die Geschichte des zwanzigsten Jahrhunderts aus nächster Nähe miterlebt hatte, wußte alles über das große demokratische Scheitern seiner Zeit, nämlich das Scheitern der Weimarer Republik im Deutschland nach dem Ersten Weltkrieg. Die Weimarer Republik verfügte über eine wundervoll gearbeitete Garnitur von demokratischen Institutionen und über eine Verfassung, die in Teilen von einem der größten Gesellschaftstheoretiker des Jahrhunderts, Max Weber, entworfen worden war. Doch dieses prunkvolle Gebäude von Institutionen ruhte auf völlig unzureichenden moralischen und kulturellen Fundamenten. Als die Zeiten schwieriger wurden, erwiesen sich diese Fundamente als ungeeignet, den Bau zu tragen, und alles stürzte in sich zusammen – mit dem Ergebnis, daß ein zivilisiertes Volk der Tyrannei anheimfiel. Das, so gab Johannes Paul zu bedenken, war eine Lektion für alle.

Nehmen wir zum Beispiel die Frage der Gleichheit. Die Gleichheit aller vor dem Gesetz und die politische Gleichheit aller Bürger sind grundlegende demokratische Prinzipien. Wie überzeugen wir die nächste Generation (in diesem Falle uns selbst) davon, daß diese Prinzipien in einer Welt sinnvoll sind, in der die Menschen in puncto Intelligenz, Schönheit, Wohlstand und Know-how definitiv nicht gleich sind? Anzuerkennen, daß vor dem Sittengesetz alle gleich sind, so Johannes Paul, ist die stabilste mögliche Grundlage, auf die wir uns in unserem Eintreten für gesetzliche und politische Gleichheit stützen können.[3] Wenn niemand sich den im Sittengesetz niedergelegten Verpflichtungen entziehen kann, dann sind wir in der Tat auf eine sehr elementare und sehr menschliche Weise alle gleich.

Dann ist da die Frage der Zivilgesellschaft. Demokratien, die zu Ungestüm und Streitsucht neigen, brauchen das, was der französische Philosoph Jacques Maritain einmal als „Bürgerfreundschaft“ bezeichnet hat, um trotz nicht enden wollender politischer, sozialer und rechtlicher Konflikte gedeihen zu können. Wenn alle Beziehungen in einer Demokratie rein vertraglicher Natur sind – wenn ich lediglich durch mein Recht, sie zu verklagen, und ihr Recht, mich zu verklagen, an meine Mitbürger gebunden bin –, wird die

Demokratie zerfallen oder in Gerichtsprozessen ersticken. Deshalb bedarf es einer tieferen und vornehmeren Bindung. Diese Bande der Bürgerfreundschaft zu knüpfen, so Johannes Paul, ist leichter, wenn wir in unseren Mitmenschen die gemeinsame Verpflichtung zu gemeinsam anerkannten moralischen Wahrheiten erkennen – wenn wir unsere Mitmenschen als Mitbürger sehen, die sich für dasselbe große Projekt engagieren, mit den Mitteln der Freiheit etwas Gutes und Gerechtes aufzubauen.[4]

Diese ganze Analyse durchzieht eine tiefe katholische Überzeugung, daß die Demokratien, wenn denn das demokratische Experiment gelingen soll, die Freiheit zur Vortrefflichkeit leben müssen. In einer Demokratie sind Tugenden eine ernsthafte Angelegenheit. In einer absoluten Monarchie kann ein tugendhafter König genügen, um Gerechtigkeit und eine gute Regierung zu gewährleisten. Demokratien aber brauchen eine kritische Masse tugendhafter Bürger, wenn Gerechtigkeit geschehen soll – wenn die Rechte anderer und unsere eigenen Rechte geschätzt und respektiert werden. Wie kann eine Demokratie, die sämtliche transzendenten moralischen Werte aus dem öffentlichen Leben verbannt, jene Stärke entwickeln, die aus der bürgerlichen Tugend erwächst? Wäre die Rassentrennung in den Vereinigten Staaten abgeschafft worden, wenn Amerikas religiöse Gemeinschaften sich nicht öffentlich für die Gewissensbildung und für eine Gesetzesänderung eingesetzt hätten? Einmal gestellt, scheinen sich die Fragen von selbst zu beantworten: Demokratie ist keine Maschine, die von alleine läuft.

Aus katholischer Sicht ist die Demokratie wie ein Haus. Wie jedes Haus muß die Demokratie auf festen Fundamenten stehen. Diese Fundamente sind nicht politischer oder gesetzlicher Natur: Sie sind kulturell. Eine demokratische politische Gemeinschaft wird von einer demokratischen Kultur aufgebaut und instandgehalten.

Die Fundamente des Hauses der Freiheit sind die Tugenden der Menschen, die so in das öffentliche Leben eingebracht werden, daß sie eine demokratische Kultur und letztlich eine demokratische Regierung heranbilden. Wenn diese Tugenden und die moralischen Wahrheiten, die sie prägen, ins Abseits des öffentlichen Lebens gedrängt werden, dann werden die Fundamente des Hauses der Freiheit geschwächt. Wenn sie bersten, ist die Zukunft des Hauses gefährdet – nicht durch äußere Feinde, sondern durch ein inneres Tugenddefizit.

Deshalb ist eine „wertneutrale Demokratie" aus katholischer Sicht ein Widerspruch in sich. Und deshalb besteht die katholische Kirche darauf, daß religiös begründete moralische Wahrheiten im öffentlichen Leben einen Platz haben. Es geht hier nicht darum, daß die Kirche im politischen Spiel auch gerne ein Wörtchen mitzureden hätte. Es geht darum, daß das Haus der Freiheit auf sicheren Fundamenten steht.

Dies alles führt uns zu der Schlußfolgerung, daß die eigentliche Frage in dieser Angelegenheit zwischen Katholizismus und Demokratie nicht mehr die ist, ob der Katholizismus die Demokratie akzeptieren kann. Die Frage ist, ob Demokratien, die nicht ernsthaft auf die Sicherheit und Stärke ihrer moralischen und kulturellen Fundamente bedacht sind, lange existieren können.

Die Lebensfragen: Abtreibung und Euthanasie

Das öffentliche Engagement der katholischen Kirche in der demokratischen Politik ist in keinem Punkt erbitterter angegriffen worden als in dem der Abtreibung. Unzählige Male hat man der katholischen Kirche – bevor und auch noch nachdem diese Frage in der Sache *Roe v. Wade* am obersten Gerichtshof föderalisiert wurde (1973) – vorgeworfen, sie versuche einer pluralistischen Nation ihre sektiererischen moralischen Urteile aufzuzwingen. (Warum man es sektiererisch nennt, daß sich die katholische Kirche vor *Roe v. Wade* für den Schutz der Gesetze von mehr als vierzig Staaten eingesetzt hat, ist eine interessante Frage; man kann nicht so recht glauben, daß die Abtreibungsgesetze in Staaten wie

Utah oder Alabama vor 1973 stark von der katholischen Moraltheologie beeinflußt gewesen sein sollen.) Jedenfalls hat die Kirche selbst ihr Engagement in der Abtreibungsfrage nie als sektiererisch betrachtet. Ihrem eigenen Selbstverständnis zufolge hat die Kirche sich für den Schutz der Menschenwürde eingesetzt, und sie hat dies auf der Grundlage einer allgemein zugänglichen Moral und in einer Frage getan, die ihrer Ansicht nach im Zentrum des Bestrebens steht, die Fundamente des Hauses der Freiheit zu festigen.

Die katholische Lehre bezüglich der Abtreibung basiert auf einem Grundsatz, der nach kirchlicher Auffassung ein klassisches und unveränderliches Prinzip der Sittlichkeit ist, daß nämlich „die direkte und freiwillige Tötung eines unschuldigen Menschen immer ein schweres sittliches Vergehen ist.“[5] Dies können wir mit unserem Verstand erkennen; und den Männern und Frauen des Glaubens ist dieser Grundsatz außerdem durch die Offenbarung zugänglich. „Du sollst nicht töten“ (genauer: „Du sollst keinen Mord begehen“) ist keine sittliche Vorschrift, die nur für Juden und Christen gilt; es ist eine universale moralische Norm, die dem Menschen ins Herz geschrieben ist, von jedem religiösen oder philosophischen ethischen System anerkannt wird und sich in der zivilen Gesetzgebung jedes Staates wiederfindet. Keine Kombination von Absichten oder Folgen kann die Tötung eines unschuldigen Menschenlebens jemals rechtfertigen.

Daß das ungeborene Kind vom Moment der Empfängnis an ein Mensch ist, läßt sich sowohl logisch als auch biologisch begründen. Nichts, das ein Mensch sein wird, ist jemals etwas anderes als ein Mensch. Und nichts, das kein Mensch ist, wird jemals ein Mensch werden. Diese logischen Wahrheiten werden von der modernen Wissenschaft hinlänglich bestätigt, die unstrittig bewiesen hat, daß jedes menschliche Wesen vom Moment der Empfängnis an eine einzigartige (und eindeutig menschliche) Bündelung genetischer Informationen ist. Wenn kein Unglück geschieht oder ein tödlicher Eingriff erfolgt, wird das Ergebnis menschlicher Zeugung und Empfängnis für jeden, der ein wenig

Verstand besitzt, zweifelsfrei als Mensch erkennbar und weder ein Goldfisch noch ein Golden Retriever sein.[6] Auf die Behauptung, das, was die Kirche als „menschliches Wesen“ bezeichnet, sei in Wirklichkeit nur ein Zellklumpen (wie es ein national gefragter Kolumnist kürzlich während einer Debatte über die Tötung von Embryonen und „Präembryonen“ geäußert hat), kann die Kirche nur erwidern, daß dieser „Zellklumpen“ nichts anderes ist als das, was besagter Kolumnist und jeder seiner Leser in der fraglichen Phase seines Lebens ebenfalls gewesen ist.

Die Kirche erkennt voll und ganz an, daß eine ungewollte und ungeplante Schwangerschaft eine zutiefst zwiespältige und beängstigende Erfahrung sein kann. Besser als jeder Abtreibungsbefürworter, der die Menschen glauben machen will, daß ein Schwangerschaftsabbruch kaum schlimmer sei als eine Mandeloperation, weiß die Kirche, daß eine ungewollte Schwangerschaft eine zutiefst traumatische Erfahrung ist und der betroffenen Frau das Gefühl gibt, mit ihrem ganzen Leben in eine Sackgasse geraten zu sein. Die Kirche weiß auch, daß der Versuch, dieser Sackgasse durch eine Abtreibung zu entkommen, in eine emotionale und spirituelle Katastrophe münden kann. Deshalb unterhält die Kirche ein umfangreiches Netzwerk an Konfliktberatungszentren für schwangere Frauen; deshalb haben zahlreiche katholische Bischöfe Frauen, die sich in einem solchen Dilemma befinden, finanzielle und medizinische Unterstützung seitens der Kirche zugesagt, wenn sie sich dazu entschließen, ihr Kind zur Welt zu bringen, und die Kirche wird diesen Frauen auch helfen, eine Adoption zu arrangieren oder eine Arbeitsstelle zu finden, wenn sie ihr Kind behalten wollen; und deshalb hat die Kirche auch das Projekt *Rachel* gegründet, einen Beratungsdienst für Frauen, die nach einer Abtreibung traumatisiert sind. Die katholische Kirche hat sich nicht darauf beschränkt, gegen die Abtreibung zu „wettern“, sondern ihr Personal und ihre Mittel in den Dienst der Frauen gestellt, die sich in einer solchen Krise befinden.

Aus katholischer Sicht ist Abtreibung keine Frage der Sexualmoral, sondern des Rechts. Das Gebot, um das es hier geht, ist das Tötungsverbot und kein Verbot, das sich gegen Sünden im sexuellen Bereich richtet. Das Dilemma der ungewollten Schwangerschaft betrifft unweigerlich und unvermeidlich zwei Leben, zwei Menschen. Die katholische Kirche fühlt sich beiden verpflichtet und versucht, die legitimen Ansprüche beider zu verteidigen. Aber es sind eben beide, die „gehört" werden müssen, und davon rückt die Kirche nicht ab.

Aus diesem Grund ist die Abtreibung in den Augen der katholischen Kirche eine Frage von öffentlicher Tragweite. Sie ist keine private Entscheidung. Sie hat nichts mit sektiererischen Moralvorstellungen zu tun. Das unveräußerliche Lebensrecht eines ungeborenen Kindes zu schützen ist eine zivilrechtliche Forderung – vielleicht sogar die größte zivilrechtliche Forderung unserer Zeit. Wenn der Staat für sich das Recht in Anspruch nimmt, einer ganzen Klasse von Menschen – nämlich den Ungeborenen – den Schutz des Gesetzes zu versagen, dann ist niemand mehr sicher. Eine Gesellschaft, die die Tötung zur Lösung persönlicher Probleme erlaubt, ist kein Rechtsstaat mehr; sie ist eine Gesellschaft, die sich in entscheidenden Aspekten dem Recht des Stärkeren und der willkürlichen Gewalt unterwirft. Wenn es zu einem gesetzlichen Grundsatz wird, daß die Starken das Recht haben, die Schwachen aus der allgemeinen Schutzgemeinschaft auszuschließen, dann sind alle in Gefahr, die die Starken vielleicht eines Tages für ungeeignet, unproduktiv, störend oder unbequem erklären werden.

Das Recht des ungeborenen Lebens zu garantieren heißt, die heutige Kultur zu verändern und die bestehenden Gesetze zu reformieren. Deshalb haben viele maßgebliche Katholiken (und auch einige Politiker) die von Richard John Neuhaus formulierte zweifache Zielsetzung des Lebensschutzes übernommen: eine Gesellschaft, in der jedes Kind im Gesetz geschützt und im Leben willkommen ist. Das öffentliche Engagement der Kirche für den gesetzlichen Schutz des ungeborenen Lebens muß durch den Dienst an Frauen in Not ergänzt werden. Ein weiterer wesentlicher Bestandteil des kirchlichen Lebensschutzprogramms ist die Schaffung einer Gesellschaft, die sich ihrer sexuellen Verantwortung bewußt ist und in der Frauen nicht als Wegwerfobjekte einer vorübergehenden männlichen Begierde behandelt und mit ihrem „Problem“ alleine gelassen werden.

Weil es sich hierbei um eine zivilrechtliche Angelegenheit handelt, ist die katholische Kirche seit jeher darum bemüht, ihr Engagement zugunsten des gesetzlichen Schutzes der Ungeborenen auf einer ausdrücklich öffentlichen Ebene stattfinden zu lassen. Alles, was die Bischöfe der Vereinigten Staaten zur Abtreibung gesagt haben, kann von jedem, der zu einer ernsthaften Auseinandersetzung bereit ist, aufgegriffen und debattiert werden. Dasselbe gilt für viele der diesbezüglichen Äußerungen Papst Johannes Pauls II. Als er 1997 die Beglaubigungsschreiben der neuen US-Botschafterin am Heiligen Stuhl Corinne C. Boggs entgegennahm, trug der Papst seinen Standpunkt auf unverkennbar öffentliche und unverkennbar demokratische Weise vor:

> Kein Ausdruck der heutigen [amerikanischen] Verpflichtung zu allgemeiner Freiheit und Gerechtigkeit kann grundlegender sein als der Schutz, den man den verletzlichsten Mitgliedern der Gesellschaft angedeihen läßt. Die Vereinigten Staaten von Amerika wurden auf der Überzeugung gegründet, daß ein unveräußerliches Recht auf Leben eine selbstverständliche moralische Wahrheit und die Treue zu dieser Wahrheit ein vorrangiges Kriterium sozialer Gerechtigkeit ist. Die moralische Geschichte Ihres Landes ist die Geschichte der Bemühungen Ihres Volkes, den Kreis der in die Gesellschaft Aufgenommenen zu erweitern, damit alle Amerikaner den Schutz des Gesetzes genießen, an den Verantwortungen der Bürgerschaft teilnehmen und die Gelegenheit wahrnehmen können, einen Beitrag zum Gemeinwohl zu leisten. Wann immer eine bestimmte Kategorie von Menschen – die Ungeborenen, Kranken und Alten – von

> diesem Schutz ausgenommen werden, untergräbt eine tödliche Anarchie das ursprüngliche Verständnis von Gerechtigkeit. Die Glaubwürdigkeit der Vereinigten Staaten wird mehr und mehr davon abhängen, ob sie eine echte Kultur des Lebens fördern und sich von neuem dazu verpflichten, eine Welt aufzubauen, in der die Schwächsten und Verletzlichsten willkommen und geschützt sind.[7]

Ein analoger Grundstock an moralischen Prinzipien prägt auch das katholische Denken über die Euthanasie. Die Legalisierung des ärztlich unterstützten Selbstmords beschädigt die moralischen Fundamente des Hauses der Freiheit ebenso wie die Abtreibung. Wenn die Schwachen und Verwundbaren aus der Schutzgemeinschaft ausgestoßen werden, geraten sie in Gefahr. Und damit gerät letztlich jeder in Gefahr. Zudem wird das grundlegende demokratische Prinzip der „Freiheit und Gerechtigkeit für alle" verletzt. Aus den Niederlanden und anderen Ländern liegen der Kirche überdies unstrittige Beweise dafür vor, daß die Euthanasie dort, wo sie erlaubt ist, schon bald ganz selbstverständlich erwartet oder sogar gefordert wird – und zwar mit oder auch ohne Einwilligung des Patienten. Was die Palliativmedizin betrifft, so verlangt die Kirche nicht, daß „außerordentliche oder zum erhofften Ergebnis in keinem Verhältnis stehende aufwendige und gefährliche medizinische Verfahren" fortgesetzt werden; sie betrachtet jedoch die Verabreichung von Wasser und Nahrung nicht als „außerordentliches Verfahren".[8]

All jenen, die glauben, daß Abtreibung und Euthanasie der Menschenwürde dienen, schlägt die Kirche vor: „Wir wollen miteinander über die Bedeutung des Begriffs ‚Würde' sprechen – und darüber, weshalb alles, was dem unveräußerlichen Recht auf Leben widerspricht, selbst wenn es in bester Absicht geschieht, einen Angriff auf die Menschenwürde darstellt."

All jenen, die glauben, daß Abtreibung und Euthanasie der Privatsphäre angehören und daher für die öffentliche Politik relativ unbedeutend sind, stellt die Kirche zwei Fragen: „Halten Sie es wirklich für eine ‚Privatangelegenheit‘, wenn ein zweiter Mensch betroffen ist? Und glauben Sie, es sei an sich und für die Demokratie gut, wenn man dem Staat erlaubt, die Tötung von Leben zur Lösung persönlicher Probleme, so schwerwiegend diese auch sein mögen, zu legitimieren?“

All jenen, die glauben, daß es ein wesentlicher Bestandteil der Freiheit ist, in solchen Fragen selbst entscheiden zu können, schlägt die Kirche einen neuen Diskurs vor: „Wir wollen miteinander über die Freiheit zur Vortrefflichkeit sprechen. Wir wollen unsere gemeinsame Überzeugung überprüfen, daß nur eine Freiheit, die in der Wahrheit wurzelt und sich im Gutsein erfüllt, wahrhaft menschliche Freiheit ist – und daß Demokratie nur auf der Grundlage wahrhaft menschlicher Freiheit funktionieren kann.“

Die Kirche schlägt vor, sie drängt nichts auf. Die Kirche möchte die Lehrerin der Völker, nicht die Herrscherin über die Völker sein. Zu den hier aufgeführten Fragen wird sie Lösungen vorschlagen und noch einmal vorschlagen und immer wieder vorschlagen. Das ist sie dem katholischen Engagement für die Menschenwürde und dem katholischen Engagement für die Demokratie schuldig.

10. Was soll aus uns werden?

Heilige und die Zukunft des Menschen

Weil das zwanzigste Jahrhundert ein Jahrhundert großer Ängste war, hat es eine brillante antiutopische Literatur und erschreckende Visionen von einer entmenschlichten Zukunft hervorgebracht, deren Wurzeln ein scharfsichtiger Schriftsteller bereits im Hier und Jetzt zu entdecken vermag. George Orwells *1984,* das zu einer Zeit entstand, als der Totalitarismus nach der Weltherrschaft zu greifen schien, war eines dieser erschütternden Werke, die den spähenden Blick um die Ecke der Geschichte wagten. Nun, zu Beginn des einundzwanzigsten Jahrhunderts, scheint es jedoch, daß Aldous Huxley die langfristigen Bedrohungen der menschlichen Freiheit noch klarer erkannt hat als George Orwell.

Ein Vierteljahrhundert vor der Entschlüsselung der DNS geschrieben, bewies Huxleys *Schöne neue Welt* eine erstaunliche Weitsicht im Hinblick auf die Möglichkeit, daß Biotechnologie und Eugenik letztlich imstande sein könnten, Menschen herzustellen und damit das Menschsein an sich neu zu kreieren. Dieser wissenschaftlichen Weitsicht fügte Huxley eine philosophische oder sogar spirituelle Ahnung von der Verzerrung der Vorstellungen und Werte hinzu, die der schönen neuen Welt den Anstrich von etwas Wünschenswertem, Vernünftigem und Menschlichem geben würden.

In Huxleys Roman ist Mustafa Mannesmann eines der Mitglieder des Weltaufsichtsrats und hat unter anderem dafür zu sorgen, daß die glatte Oberfläche der schönen neuen Welt, die eine Welt ohne nennenswerte Konflikte ist, nicht durch ketzerische Ideen in Aufruhr versetzt wird. Eines Tages erhält Mustafa Mannesmann einen von Sigmund Marx verfaßten Aufsatz. Sigmund Marx ist ein Wissenschaftler, bei dessen pränataler Programmierung etwas „schiefgelaufen“ ist und der deshalb einen ruhelosen und zuweilen schrulligen Charakter besitzt. Der hochgezüchtete Weltaufseher bewundert Marx’ mathematische und spekulative Fähigkeiten. Doch Mustafa Mannesmann entscheidet sich schließlich, daß der Aufsatz nicht veröffentlicht, Sigmund Marx überwacht und auf eine Forschungsstation auf einer abgelegenen Insel versetzt werden soll. Warum?

Weil sein Aufsatz andeutete, daß die Welt und das Leben der Menschen eine Sinn haben könnten. Und das, erkannte Mustafa Mannesmann, war eine Vorstellung, die man auf gar keinen Fall in Umlauf bringen durfte:

> Wenn man erst einmal Erklärungen zum Thema der Zweckbestimmung zuließ – ja, dann waren die Folgen nicht absehbar. Solche Gedanken untergruben nur zu schnell die Normung der weniger gefestigten Geister innerhalb der höheren Kasten, sie raubten ihnen den Glauben an das Glück als das Höchste Gut und lehrten sie statt dessen den Glauben an ein Ziel, das irgendwo jenseits, irgendwo außerhalb des gegenwärtigen menschlichen Bereichs lag. Solche Irrlehren führten dahin, den Sinn des Daseins nicht in der Erhaltung des Wohlbefindens zu sehen, sondern in der Vertiefung und Verfeinerung der Erkenntnis, der Vermehrung des Wissens. Vielleicht, überlegte der Aufsichtsrat, sogar ein wahrer Glaube. Aber unter den derzeitigen Verhältnissen unzulässig. Er nahm noch einmal den Stift und zog unter die Worte „Zur Veröffentlichung nicht freigegeben“ einen zweiten Strich, dicker und schwärzer noch als der erste.[1]

Huxleys schöne neue Welt ist keine Welt der Unterdrückung und des Elends wie jene mit Füßen getretene Welt in Orwells *1984*. Huxleys Welt ist eine fröhliche Antiutopie. Doch sie ist eine Welt der verkümmerten Menschlichkeit: eine Welt von Seelen ohne Sehnsucht, ohne Leidenschaft, ohne Opfer, ohne Leid, ohne Überraschungen und ohne Wünsche – mit einem Wort, eine Welt ohne Liebe. Wie konnte eine solche Welt ihren Schöpfern menschlich erscheinen? Die Überzeugung, die diese schöne neue Welt ermöglicht hatte, war die Überzeugung, daß die Welt und die Menschen, die sie bewohnen, wesentlich sinnlos sind. In der stofflichen Welt und in unserem Leben ist kein Ziel zu erkennen. Das Menschlichste, was man tun konnte – wenn man denn zu den wenigen Auserwählten gehörte, die imstande waren, dies zu sehen –, war, eine Welt ohne Streben zu erschaffen – eine Welt, in der die unmittelbare physische oder psychische Belohnung in Form eines chemischen oder sexuellen Ersatzes für jene Spuren der Engel, die die Menschheit seit Jahrtausenden behext hatten, immer zur Hand war.

Was Aldous Huxley als wissenschaftliche Möglichkeit voraussah, ist inzwischen im großen und ganzen eine wissenschaftliche Tatsache. Wenn die britische Regierung eine Behörde für menschliche Befruchtung und Embryologie einrichtet – unweigerlich denkt man an Huxleys „Brut- und Normzentrale Berlin-Dahlem“ –, dann befinden wir uns schon jetzt im Vorzimmer der schönen neuen Welt. Die Frage ist, ob die Menschheit im einundzwanzigsten Jahrhundert die Intelligenz und den Willen haben wird, die neuen gentechnischen und biotechnologischen Möglichkeiten an Ziele zu binden, die echte menschliche Freiheit und echtes menschliches Glück gewährleisten.

Die Frage „Was soll aus uns werden?“ treibt die Menschheit seit Jahrhunderten um. Wenn die Welt wirklich von Sinnlosigkeit und Zufall bestimmt wird, dann ist die fröhliche Entmenschlichung in Huxleys Roman sicherlich eine mögliche Antwort auf diese uralte Frage und die darin liegende Furcht. In einigen Jahrzehnten und vielleicht auch schon früher wird die Menschheit technologisch in der Lage sein, diesen Weg einzuschlagen. Wir haben die freie Wahl, unsere Freiheit aufzugeben und unsere Hoffnung in das „Höchste Gut“ des weltlichen Glücks zu setzen. Und der Roman *Schöne Neue Welt* zeigt uns, wohin das führen wird.

Was sagen uns die katholische Kirche und die katholische Perspektive über die Zukunft des Menschen? „Was soll aus uns werden?“ ist eine Frage, die sich auch die Christen stellen – und das mit Recht, denn es ist die Frage Jesu am Kreuz: „Mein Gott, mein Gott, warum hast du mich verlassen?“ (Mt 27,46). Katholiken glauben, daß Gott seine letzte Antwort auf Christi und unsere Frage mit der Auferstehung gegeben hat. Doch was sagt uns das über unser *Jetzt?* Gottes Verheißung ewiger Glückseligkeit kann uns, unabhängig davon, wie alt wir sind, als etwas erscheinen, das sehr, sehr weit weg ist. Was uns interessiert, ist die Zwischenzeit, die Zeit zwischen dem Jetzt und der Auferstehung: Was soll da aus uns werden?

Um es kurz zu machen: Aus uns sollen Heilige werden.

Sankt Jedermann

Kurz nach Erscheinen seines Romans *Helena,* in der er die Geschichte der Mutter des Kaisers Konstantin und ihrer Suche nach dem wahren Kreuz erzählt, erhielt Evelyn Waugh ein Gratulationsschreiben von seinem Freund, dem Dichter John Betjeman. Betjeman beglückwünschte Waugh zu seinem Buch, schrieb jedoch, daß „Helena nicht wie eine Heilige wirkt“. Waugh, der schon seit Jahren versuchte, den frommen Anglikaner Betjeman für die katholische Kirche zu gewinnen, antwortete mit einer kurzen Katechese über das katholische Heiligenverständnis:

> Heilige sind einfach Seelen im Himmel. Einige Menschen waren in ihrem Leben so sensationell heilig, daß wir wissen, daß sie schnurstracks in dem Himmel gekommen sind, und deswegen haben wir sie in den [liturgischen] Kalender aufgenommen. Wir alle müssen Heilige werden, ehe wir in den Himmel kommen […] Und jeder einzelne hat seine eigene, spezielle Form der Heiligkeit, die er erreichen muß, wenn er nicht verlorengehen will. Es wäre nicht gut zu sa-

gen: „Ich wäre so gern wie Johanna von Orléans oder wie der heilige Johannes vom Kreuz." Ich kann nur der heilige Evelyn Waugh sein – nach Gott weiß was für Erfahrungen im Fegefeuer.

Mir gefiel Helenas Heiligkeit, weil sie anders ist als alles, was moderne Menschen sich unter Heiligkeit vorstellen. Sie wurde nicht den Löwen vorgeworfen, sie war keine kontemplative Seele, sie war weder arm noch hungrig, und sie sah auch nicht aus wie ein El Greco. Sie hat einfach nur entdeckt, was sie tun sollte, weil Gott es für sie ausgesucht hatte – und sie hat es getan.[2]

Waughs Brief an Betjeman faßt zwei Aspekte dessen zusammen, was wir aus katholischer Sicht sind und werden sollen. Der erste Punkt ist, daß Heiligkeit jedermanns Bestimmung ist – Heiligkeit ist jedermanns Ziel. In einer Welt, die sich selbst häufig als sinn- und ziellos empfindet, entwirft der Katholizismus einen dramatischen, transzendenten Zweck für jedes menschliche Leben: das Leben eines Heiligen. Der zweite, ebenso verblüffende Aspekt des katholischen Heiligenverständnisses ist die Tatsache, daß Heiligkeit nichts Allgemeines, sondern etwas ganz und gar Besonderes ist. Ein Heiliger zu werden bedeutet, in seinem Leben eine einzigartige Berufung umzusetzen, eine ganz eigene Rolle im kosmischen Drama zu spielen, die niemand sonst ausfüllen kann. Diese Berufung zu entdecken, sich ihr ganz zu widmen und dann in ihr zu sterben – das ist das Drama des christlichen Lebens so, wie die katholische Kirche es sich vorstellt.

Dieses Drama verweist an all seinen Schnittstellen auf die Unendlichkeit. Indem wir die Heiligen werden, die zu werden wir bestimmt sind, werden wir die Art von Menschen, die imstande sind, auf ewig bei Gott zu leben.

Albert Camus, der französische existentialistische Schriftsteller und Philosoph, der ein gequältes Verhältnis zum Katholizismus hatte, schrieb einmal einen denkwürdigen Dialog über die menschliche Erfüllung. Die Verzweiflung der Sinnlosigkeit, die gerade in Mode war und den Existentialismus Jean-Paul Sartres kennzeichnete, lehnte Camus ab. Zugleich versuchte Camus in seinen fiktiven Texten eine Existenzphilosophie zu formulieren, die zwar jede letztgültige Transzendenz stoisch verneinte, aber das intensive Drama des Menschseins hier und jetzt dennoch aufwertete. Und so läßt Camus einen seiner Charaktere sagen, daß er gerne ein Heiliger wäre; sein Gesprächspartner antwortet daraufhin, daß er gerne ein Mensch wäre – worauf der erste Sprecher entgegnet, daß sie also beide dasselbe wollten, sein Freund aber ehrgeiziger sei.

Das ist ein hübsches Gedankenspiel, aber vielleicht ist es auch zu schlau. Aus katholischer Sicht gehört beides zusammen. In unserem Menschsein wachsen wir nur, wenn wir in die Heiligen hineinwachsen, die wir unserer Bestimmung nach werden sollen – die Heiligen, die wir werden müssen, weil unser persönliches Drama Teil jenes größeren, kosmischen Dramas der Schöpfung, Erlösung und Heiligung ist, in dem wir mitspielen. Ein Heiliger zu werden heißt, uns von uns selbst zu leeren, um uns dann mit Berufungsleidenschaft zu füllen. In die Heiligkeit hineinzuwachsen ist – genau wie sich zu verlieben – ein mystischer Prozeß, in dem uns die Hingabe unseres Selbst um ein Vielfaches vergolten wird. Das Gesetz des Schenkens in der einzigartigen Weise zu leben, die Gott für jeden von uns im Sinn hat, heißt, daß wir durch den Prozeß unserer Selbstentleerung erfüllt und bereichert werden.

Das ist nach katholischer Überzeugung jedermanns Berufung.

Primzahlen und wir übrigen

Die Lektüre von Heiligenviten war einmal ein fester Bestandteil im Leben frommer Katholiken. Diese Praxis scheint jedoch in den vergangenen Jahrzehnten in Ungnade gefallen zu sein, auch wenn ein rascher Blick in die neueren Verlagskataloge darauf hinweist, daß Heiligenviten zur Zeit ein Comeback erleben. Das sei ihnen gegönnt. Die von der Kirche offiziell anerkannten Heiligen zu entdecken ist eine großartige Methode, um Wege zu finden, auf denen wir in der ganz speziellen und einmaligen Heiligkeit wachsen können, zu der jeder einzelne Christ berufen ist.

Wer sind diese offiziell anerkannten Heiligen? Über sie sind einige Mißverständnisse im Umlauf, und wenn wir diese Mißverständnisse klären, dann kann uns das helfen, ihr Leben und ihre Bedeutung deutlicher in den Blick zu bekommen – und zu verstehen, was sie mit uns zu tun haben.

Weder die katholische Kirche noch der Papst „macht" Heilige. Durch die Lehrautorität des Bischofs von Rom, der sich darin nach seinen Beratern richtet, erkennt die Kirche die Heiligen, die Gott gemacht hat, lediglich an. Dieser Prozeß der Anerkennung oder Heiligsprechung war überaus legalistisch, und in seinem Verlauf traten solche pikaresken Charaktere wie der sogenannte „Advokat des Teufels" auf, ein Anwalt, dessen Aufgabe darin bestand, die Heiligkeit des Kandidaten *post mortem* auf der Grundlage einer prinzipiellen „Unheiligkeitsvermutung" anzufechten, bis das Gegenteil bewiesen wäre. Papst Johannes Paul II. hat dies alles 1983 verändert und aus dem Heiligsprechungsprozeß etwas gemacht, das weit eher einem Doktorandenkolloquium in Geschichte als einem Gerichtsverfahren ähnelt.

Ein Ergebnis dieser veränderten Vorgehensweise war die beispiellose Menge an Heiligen (447 bis zum Oktober 2000), die Johannes Paul II. kanonisiert und die noch größere Anzahl von Männern und Frauen (994 bis Oktober 2000), die er seliggesprochen hat – der letzte Schritt vor der offiziell anerkannten Heiligkeit. Diesen Heilig- und Seligsprechungen – darunter ein sudanesisches Sklavenmädchen und ein Mailänder Lebemann aus den wilden Zwanzigern; Priester, Nonnen und Laien, die während der Französischen Revolution, des *Cristero*-Aufstands in Mexiko, des spanischen Bürgerkriegs und des Zweiten Weltkriegs den Märtyrertod starben; eine Erbin aus Philadelphia und ein römischer Kinderarzt, die ihr eigenes Leben opferten, um ihr ungeborenes

Kind zu retten; Journalisten und Mystiker; Vietnamesen, Koreaner, Chinesen, ein Nigerianer, ein Sinti und Menschen der unterschiedlichsten indigenen Bevölkerungsgruppen ebenso wie Europäer aus der Alten und der Neuen Welt; eine resolute australische Nonne schottischer Herkunft, die von ihrem jähzornigen irischen Bischof exkommuniziert worden war, und eine brillante Philosophin, deren Leben als Karmelitin in den Gaskammern von Auschwitz endete – liegt eine bemerkenswerte Vielfalt von Lebensläufen zugrunde. Heilige sind nicht einfach Menschen aus ferner Vergangenheit, deren wir einmal im Jahr an ihrem liturgischen Festtag gedenken. Die Heilig- und Seligsprechungen Johannes Pauls II. sind eine machtvolle Erinnerung daran, daß wir rein theoretisch in jeder nur denkbaren Lebenssituation von Heiligen umgeben sind. Heiligkeit ist nichts, das sich nur sonntags in der Kirche abspielt. Heiligkeit ist eine echte Möglichkeit für jeden, und zwar zu jeder Zeit und an jedem Ort.

Papst Pius XI. sagte 1933 anläßlich der Heiligsprechung von Bernadette Soubirous, der Seherin von Lourdes, daß die Heiligen wie ein Fernrohr seien, mit dem wir Sterne sehen können, die mit bloßem Auge nicht zu erkennen sind. Heilige helfen uns, inmitten der alltäglichen Lebenswirklichkeit Wahrheiten und Möglichkeiten zu entdecken. Der Theologe Hans Urs von Balthasar unterteilt die Heiligen in zwei Grundtypen. Einige Heilige haben eine ganz und gar einzigartige Berufung und offenbaren einen bis dato unbekannten, unerforschten oder unterschätzten Aspekt dessen, was Gott für die Kirche und für die Welt geplant hat. Diese Heiligen nennt Balthasar „Gottes Primzahlen"; der heilige Franziskus von Assisi, der mit seiner radikalen Hingabe an die Armut und die Natur im mittelalterlichen Italien wie ein Mann von einem anderen Stern gewirkt haben muß, ist ein Musterbild für diesen Typus. Andere Heilige gehen eher organisch aus einem bereits anerkannten Berufungsbild hervor: Mütter und Väter, Ordensleute und Priester, Künstler und Gelehrte, die ein vielleicht nicht unbedingt bahnbrechendes, aber heiliges und exemplarisches Leben gelebt haben. Die Kirche erkennt an, daß die Heiligkeit auch auf diesen vorgebahnten Pfaden einer hingebungsvoll gelebten Berufung eine echte Möglichkeit ist.

Sowohl die Primzahlen als auch die exemplarischen Heiligen helfen uns übrigen, unserer Berufung zur Heiligkeit zu entsprechen. Die Primzahlen erinnern uns daran, daß es immer wieder neue Dimensionen der Heiligkeit zu entdecken gibt, und warnen die institutionelle Kirche vor den Gefahren der Selbstzufriedenheit. Die exemplarischen Heiligen lehren uns, daß auch die, die Gott auf nicht ganz so spektakuläre Wege ruft, durch Gottes Gnade auf ein Leben der ewigen Glückseligkeit vorbereitet werden können.

Und dann sind da noch die Märtyrer. Papst Johannes Paul II. hat die Kirche über zwanzig Jahre lang wieder und wieder daran erinnert, daß der Märtyrer das Idealbild des Christen ist. Der Märtyrer ist ein Zeuge, dessen Leben ganz und gar mit der Wahrheit übereinstimmt, weil es in einem Akt der selbstaufopfernden Liebe ganz und gar für die Wahrheit hingegeben worden ist. Wer glaubt, die Märtyrer seien Menschen, denen vor zweitausend Jahren im römischen Kolosseum schauerliche Dinge angetan worden sind, der sollte darüber nachdenken, daß das zwanzigste Jahrhundert das märtyrerreichste Jahrhundert der gesamten christlichen Geschichte gewesen ist.[3] Im zwanzigsten Jahrhundert haben mehr Christen ihr Leben für ihren Glauben hingegeben, als in den ganzen vorangegangenen neunzehn Jahrhunderten der christlichen Geschichte zusammen.

Die Allgegenwart des modernen Martyriums – einer verläßlichen Schätzung zufolge sind es 27 Millionen – ist die Geschichte eines bemerkenswerten persönlichen Heldentums. In all der Brutalität, die das zwanzigste Jahrhundert zerrissen hat, und in der tiefen Dunkelheit dieser Zeit gab es dennoch ein Licht, das unbeirrbar weiterstrahlte. Die gewaltige Menge moderner Märtyrer ist auch eine machtvolle Antwort an die Adresse derjenigen, die meinen, daß sich die Moderne den Luxus eines Sinngefühls nicht leisten könne. Diese rund 27 Millionen Männer und Frauen aus aller Welt sahen in ihrem Leben einen Sinn, der über das Leben hier hinausgeht und uns Heutigen etwas sehr Wichtiges über das Menschsein an der Schwelle eines neuen Jahrtausends zu sagen hat. Er sagt uns, daß die Spuren der Engel noch immer sichtbar sind, selbst wenn ihre Botschaft ein Aufruf zur äußersten Selbsthingabe, ein Aufruf zur Hingabe des eigenen Lebens im Martyrium ist.

Wunder und Moderne

In einer Welt, die sich an Herztransplantationen, pränatale Operationen zur Behebung von Geburtsfehlern, Echtzeitkommunikation und Raumfahrt gewöhnt hat, kann man Wunder für etwas hoffnungslos Altmodisches oder sogar für Aberglauben halten. Dennoch hält die katholische Kirche daran fest, daß bestätigende Wunder, die auf die Fürsprache eines möglichen Heiligen zurückgeführt werden, eine notwendige Voraussetzung für die Seligsprechung und Kanonisierung (bzw. in Fällen von Märtyrern, die auch ohne ein bestätigendes Wunder seliggesprochen werden können, nur für die Kanonisierung) des betreffenden Kandidaten sind. Die Kirche definiert ein Wunder als „ein Zeichen [...] wie eine Heilung oder Bezähmung der Natur, die nur auf göttliche Macht zurückgeführt werden kann.“ Im Rahmen eines Heiligsprechungsprozesses müssen mutmaßliche Wunder von einer Wissenschaftskommission untersucht werden. Eine Heilung wird nur dann als wundersam anerkannt, wenn die medizinische Wissenschaft nach derzeitigem Stand keine andere Erklärung dafür liefern kann. In diesem Sinne sind Wunder eine Art kirchlicher Rückversicherung – sie sind Gottes Bestätigung dafür, daß die Kirche mit dem Kandidaten, den sie für die Heiligkeit vorschlägt, keinen schwerwiegenden Irrtum begeht.

Es gibt noch eine weitere Verbindung zwischen dem Wunderbaren und den Heiligen, die auch diejenigen betrifft, die niemals das Wunder einer anerkannten wundersamen

Heilung erleben werden. In den Evangelien sind die Heilungswunder Jesu keine Machtdemonstrationen, die zum Glauben an- oder verleiten sollen; Jesu Heilungen sind Ergebnisse des Glaubens. Einen Aussätzigen heilt Jesus, nachdem dieser seinen Glauben an seine Macht bekannt hat (Mt 8,2–3); der Diener des römischen Hauptmanns wird geheilt, nachdem der Zenturio erklärt hat, er sei es nicht wert, Jesus in seinem Haus willkommen zu heißen (Mt 8,5–13); Jesus heilt eine kranke Frau, die ihren Glauben an ihn bekannt hat, vom Blutfluß und sagt ihr, ihr Glaube habe ihr geholfen (Mt 9,20–22). Diese Wunder sind Zeichen, die Jesu große Botschaft veranschaulichen: daß das Reich Gottes schon da ist, daß es in unserer Welt, mitten unter uns bereits angebrochen ist.

Wir können das Unerklärliche heute als „paranormale Phänomene“ beschreiben. Oder wir können es als Wunder bezeichnen. Wenn die katholische Kirche eine unerklärliche Heilung im Rahmen der Anerkennung eines Heiligen als Wunder bezeichnet, dann macht sie damit einmal mehr deutlich, daß das Außergewöhnliche in dieser sakramental gestalteten Welt einfach nur die Kehrseite des Gewöhnlichen ist. Wir wissen, daß die Erde rund ist, doch wir leben oft so, als wäre die Welt flach. Wunder und die Heiligen, durch die die Wunder gewirkt werden, sind Herausforderungen, die unser flaches Weltbild erschüttern.

Wunder und Heilige sind zudem ein Aufruf zu einer tieferen Großzügigkeit, einem menschlicheren Engagement für die, die diese Welt mit uns teilen. Die Basilika in Lourdes ist eine der beliebtesten Pilgerstätten weltweit. Das Internationale Medizinische Komitee von Lourdes hat dort zahlreiche wissenschaftlich nicht erklärbare Heilungen von Krebs- und Tuberkuloseerkrankungen sowie von Blindheit bestätigt. Doch die, die einmal in Lourdes gewesen sind, wissen, daß die Wunder von Lourdes über physische Heilungen hinausgehen. Die intensive Gebetsatmosphäre und der bemerkenswerte Friede an diesem Ort verwandeln auch die Starken und Gesunden aus Touristen in Pilger, die den Schwachen und Kranken helfen, in das Wasser jener verborgenen Quelle zu steigen, die die Jungfrau Maria Bernadette Soubirous gezeigt hat. An Geist und Seele erfahren alle Linderung und Heilung, auch wenn die Körper krank bleiben. In Lourdes wird die Welt des Leidens in eine Welt des Friedens verwandelt, die uns lehrt, daß das Außergewöhnliche durch wissenschaftlich nicht erklärbare Geschehnisse, aber auch durch Akte menschlicher Solidarität und Freundlichkeit in das Gewöhnliche einbricht.

Das ist es, was Heilige und Wunder für uns tun. Sie helfen uns, so zu werden, wie Gott uns gemeint hat.

Die Wahl der Welten

In seinem Apostolischen Schreiben zum Abschluß des Heiligen Jahres 2000 kommt Papst Johannes Paul II. einmal mehr auf die Lehre des Zweiten Vatikanischen Konzils von der allgemeinen Berufung zur Heiligkeit zu sprechen. Das Konzil, so der Papst, hat die Berufung zur Heiligkeit nicht nur betont, um unserem Bild von Kirche „gleichsam einen spirituellen Anstrich zu geben“, sondern um uns daran zu erinnern, daß die Heiligkeit der Daseinszweck der Kirche ist. In der Taufe werden die Christen über die Mittelmäßigkeit, über den Relativismus und über eine seichte „Spiritualität“ hinausgewiesen. Wenn die Kirche, so schreibt der Papst, in ihrem Taufritus einen erwachsenen Täufling fragt: „Möchtest du die Taufe empfangen?“, fragt sie ihn damit eigentlich: „Möchtest du heilig werden?“ Das bedeutet, daß sie allen Getauften den „Radikalismus der Bergpredigt“ vor Augen stellt: „Ihr sollt vollkommen sein, wie es auch euer himmlischer Vater ist“ (Mt 5,48).[4]

Die schöne neue Welt sagt uns, daß wir in einem leidlosen Leben nach einem mittelmäßigen Glück suchen sollen. Der Katholizismus sagt uns nicht nur, daß wir zur Größe fähig sind, sondern daß Größe auch das ist, was von uns verlangt wird.

Die schöne neue Welt ist eine Welt der rational organisierten Zügellosigkeit. Die Welt der Heiligen ist eine Welt der radikalen, extravaganten Selbsthingabe.

Die schöne neue Welt ist flach, schmerzlos und im wesentlichen pflegeleicht. Die Welt der Heiligen ist immer zerklüftet und zuweilen schmerzhaft; in ihr gibt es dunkle Nächte der Seele und Momente ekstatischer Liebe.

Welche Welt ist menschlicher?

Welche Welt ist befreiter?

Für welche Welt wollen Sie Ihr Leben einsetzen?

Anmerkungen

Kommen Sie doch herein!

1 Evelyn Waugh, „Come Inside“, in: *The Essays, Articles, and Reviews of Evelyn Waugh,* hg. von Donat Gallagher, Boston 1983, S. 368.
2 Alle Bibelzitate sind der Einheitsübersetzung entnommen.

1. Ist Jesus der einzige Erlöser?

1 Richard John Neuhaus, „To Say Jesus Is Lord“, in: *First Things* 107 (November 2000), S. 69.
2 Vgl. II. Vatikanisches Konzil, *Pastorale Konstitution Gaudium et Spes über die Kirche in der Welt von heute,* 22.
3 Vgl. Johannes Paul II., *Dives in misericordia,* 7.
4 Johannes Paul II., *Brief über die Pilgerfahrt zu den Stätten, die mit der Heilsgeschichte verbunden sind* (29. Juni 1999), 10.
5 Johannes Paul II., *Dives in misericordia,* 7.
6 Johannes Paul II., *Redemptor Hominis,* 10.
7 Vgl. *Katechismus der Katholischen Kirche,* 357.
8 Zitiert nach *ebd.*, 460.
9 *Ebd.*
10 Augustinus, *Bekenntnisse,* I,1.
11 Vgl. *Katechismus der Katholischen Kirche,* 377.
12 *Gaudium et Spes,* 24.
13 Vgl. Robert W. Jenson, „How the World Lost Its Story“, in: *First Things* 36 (Oktober 1993), S. 19–24.
14 Johannes Paul II., *Redemptor Hominis,* 1.
15 *Gaudium et Spes,* 1.
16 Hans Urs von Balthasar, *Credo. Meditationen zum Apostolischen Glaubensbekenntnis,* Einsiedeln [u.a.] 1996, S. 46f.
17 Vgl. Rodney Stark, *Der Aufstieg des Christentums. Neue Erkenntnisse aus soziologischer Sicht,* Weinheim 1997. „Die Christinnen“, so betont Stark mit besonderem Nachdruck, „hatten in ihren religiösen Subkulturen [...] einen wesentlich höheren Status als die Heidinnen in ihrer Welt“, S. 149.

18 *Redemptor Hominis,* 4.
19 Vgl. Johannes Paul II., *Redemptoris Missio,* 29.
20 Hans Urs von Balthasar, *Katholisch,* Einsiedeln 1975, S. 12.
21 George Weigel, *Zeuge der Hoffnung. Johannes Paul II: eine Biographie,* Paderborn [u. a.] 2002, S. 912.

2. Macht der Glaube an Gott uns unfrei?

1 Vgl. Henri de Lubac, *Über Gott hinaus. Tragödie des atheistischen Humanismus,* Einsiedeln 1984.
2 Franz Werfel, *Das Lied von Bernadette,* Frankfurt a. M. 1991, S. 244.
3 Peter Kreeft bietet „An Extremely Brief Summary of 24 Arguments for God's Existence" in: *Summa of the Summa: The Essential Philosophical Passages of St. Thomas Aquinas' Summa Theologica Edited and Explained for Beginners,* San Francisco (Ignatius Press) 1990, S. 63–64.
4 *Katechismus der Katholischen Kirche,* 31.
5 Peter L. Berger, *Auf den Spuren der Engel: die moderne Gesellschaft und die Wiederentdeckung der Transzendenz,* Freiburg [u. a.] 1991, S. 83–111.
6 Johannes Paul II., *Dives in Misericordia,* 4.
7 *Ebd.*, 5–6.
8 *Katechismus der Katholischen Kirche,* 237.
9 Diese kurze Darstellung der Dreifaltigkeitslehre orientiert sich an Hans Urs von Balthasar, *Du krönst das Jahr mit deiner Huld. Radiopredigten,* Einsiedeln 1982, S. 125–129.
10 Vgl. Hans Urs von Balthasar, *Katholisch,* a. a. O. S. 77.

3. Liberale Kirche? Konservative Kirche?

1 II. Vatikanisches Konzil, *Dogmatische Konstitution Lumen Gentium über die Kirche,* 6.
2 Johannes Paul II., „The Mission of the Church", in: Thomas D. Williams (Hg.), *Springtime of Evangelization,* San Diego (Basilica Press) 1999, S. 45–52.
3 *Lumen Gentium,* 3.

4 Vgl. Johannes Paul II., „The Mission of the Church“, a. a. O.
5 Vgl. Avery Dulles SJ, *Models of the Church,* Garden City, N.Y. (Doubleday) 1974 und „Imaging the Church for the 1980s“, in: *A Church to Believe In,* New York (Crossroads) 1982, S. 1–18.
6 Vgl. Johannes Paul II., „The Mission of the Church“, a. a. O.
7 Vgl. *Lumen Gentium,* 31. Zur priesterlichen Sendung aller Getauften vgl. *ebd.,* 10; zur prophetischen Sendung vgl. *Konstitution über die heilige Liturgie Sacrosanctum Concilium,* 12; zur königlichen Sendung des Dienens vgl. *Lumen Gentium,* 36.
8 Vgl. *Lumen Gentium,* 5.
9 Johannes Paul II., *Weihnachtsansprache an die Kardinäle und alle Mitarbeiter der Römischen Kurie* (22. Dezember 1987), 3, in: *Der Apostolische Stuhl* 1987, S. 1770.
10 Vgl. hierzu Hans Urs von Balthasar, *Katholisch,* a. a. O., S. 37 f.
11 Vgl. Hans Urs von Balthasar, *Theo-Drama IV: The Action,* San Francisco 1994, S. 92 f. (dt.: *Theodramatik III: Die Handlung,* Einsiedeln 1980).

4. Wo finden wir die „wirkliche Welt“?

1 *Katechismus der Katholischen Kirche,* 1069.
2 Vgl. *ebd.*, 1070.
3 Evelyn Waugh, *Ohne Furcht und Tadel,* Hamburg 1979, S. 81.
4 *Englische und amerikanische Dichtung,* Bd. 3., *Englische Dichtung: Von R. Browning bis Heaney,* hg. von Horst Meller und Klaus Reichert, München 2001, S. 53.
5 *Konstitution über die heilige Liturgie Sacrosanctum Concilium,* 14.
6 *Ebd.*
7 Joseph Ratzinger, *Der Geist der Liturgie,* Freiburg 2000, S. 18 f.
8 M. Francis Mannion, „The Success of Liturgical Reform“, in: *Antiphon: A Journal of Liturgical Renewal,* 5, Nr. 2 (2000), S. 2.
9 *Sacrosanctum Concilium,* 8.
10 Johannes Paul II., „Gift of the Priesthood“, in: Thomas D. Williams (Hg.), *Springtime of Evangelization,* San Diego (Basilica Press) 1999, S. 78.
11 Vgl. hierzu Benedict M. Ashley OP, *Justice in the Church: Gender and Participation,* Washington D.C. (Catholic University of America Press) 1996.

12 *Katechismus der Katholischen Kirche,* 2560.
13 Evelyn Waugh, *Ohne Furcht und Tadel,* a. a. O., S. 557.
14 Vgl. *Katechismus der Katholischen Kirche,* 2562–63.

5. Wie sollten wir leben?

1 Servais Pinckaers, *The Sources of Christian Ethics,* Washington D.C. (Catholic University of America Press) 1995, S. 164 (frz. Original: *Les sources de la morale chrétienne: sa méthode, son contenu, son histoire,* Fribourg 1985).
2 *Katechismus der Katholischen Kirche,* 1718.
3 *Ebd.*, 1723.
4 Servais Pinckaers, a. a. O., S. 355 f.
5 Vgl. *ebd.*, S. 367–72.
6 Johannes Paul II., *Predigt beim Wortgottesdienst am Katharinenkloster auf dem Berg Sinai* (26. Februar 2000), pass., Internet: http://www.vatican.va/holy_father/john_paul_ii/travels/documents/hf_jp-ii_hom_20000226_sinai_ge.html (abgerufen am 20.10.2009).
7 Johannes Paul II, *Generalaudienz* (1. März 2000), 2, Internet: http://www.vatican.va/holy_father/john_paul_ii/audiences/2000/documents/hf_jp-ii_aud_20000301_ge.html (abgerufen am 20.10.2009).
8 *Katechismus der Katholischen Kirche,* 387.
9 Vgl. Johannes Paul II., Enzyklika *Dominum et Vivificantem,* 38.
10 G. K. Chesterton, *Orthodoxy,* Garden City, N.Y. (Doubleday Image Books) 1959, S. 121.
11 Robert Bolt, Vorwort zu *A Man for All Seasons,* New York (Vintage Books) 1962, S. xiii, xi.
12 *Ebd.*, S. 76 f.
13 Johannes Paul II., *„Motu Proprio" zur Ausrufung des heiligen Thomas Morus zum Patron der Regierenden und der Politiker* (31. Oktober 2000), 4, Internet: http://www.vatican.va/holy_father/john_paul_ii/motu_proprio/documents/hf_jp-ii_motu-proprio_20001031_thomas-more_ge.html (abgerufen am 20.10.2009).
14 Johannes Paul II., Enzyklika *Veritatis Splendor,* 58.
15 Robert Bolt, a. a. O., S. 81.

16 Robert Bolt, Vorwort zu *A Man for All Seasons,* a.a.O., S. xi–xii.
17 „Retiring Cardinal's Legacy Broadens Reach of Church", in: *Washington Post,* 25. Dezember 2000, S. A14.
18 Vgl. hierzu Gilbert Meilaender, „The First of Institutions", in: *Pro Ecclesia* 6, Nr. 4 (Herbst 1997), S. 44ff.

6. Wie sollten wir lieben?

1 Karol Wojtyła, *Liebe und Verantwortung,* Kleinhain (Verl. St. Josef) 2007.
2 Vgl. Rocco Buttiglione, *Karol Wojtyła: The Thought of the Man Who Became Pope John Paul II,* Grand Rapids (Eerdmans) 1997, S. 90f. (ital. Original: *Il pensiero di Karol Wojtyła,* Mailand 1982).
3 Als *Theologie des Leibes* wird eine Reihe von Katechesen bezeichnet, die Papst Johannes Paul II. zwischen 1979 und 1984 in den Mittwochsaudienzen gehalten hat. Die vollständigste deutsche Dokumentation dieser Mittwochskatechesen haben Norbert und Renate Martin zusammengestellt: Johannes Paul II., *Die menschliche Liebe im göttlichen Heilsplan. Eine Theologie des Leibes,* Kisslegg 2008.
4 Johannes Paul II., *Original Unity of Man and Woman,* Boston 1981, S. 73.
5 *Ebd.*, S. 73f.
6 Johannes Paul II., *Blessed Are the Pure of Heart,* Boston 1983, S. 185.
7 *Ebd.*, S. 229.
8 *Ebd.*, S. 241–246.
9 Johannes Paul II., *The Theology of Marriage and Celibacy,* Boston 1986, S. 40.
10 *Ebd.*, S. 215–224.
11 *Ebd.*, S. 363–368.
12 Johannes Paul II., *Reflections on Humanae Vitae,* Boston 1984, S. 35–40.
13 *Ebd.*
14 Elizabeth Wirth, „Like a Natural Woman", in: *Regeneration Quarterly* 6, Nr. 4 (Winter 2000), S. 27.

15 Päpstlicher Rat für die Familie, *Vademekum für Beichtväter in einigen Fragen der Ehemoral,* 11, Internet: http://www.vatican.va/roman_curia/pontifical_councils/family/documents/rc_pc_family_doc_12021997_vademecum_ge.html (abgerufen am 23.10.2009).
16 *Kodex des Kanonischen Rechts,* 980.
17 Johannes Paul II., *The Theology of Marriage and Celibacy,* S. 215–224.
18 Vgl. *Katechismus der Katholischen Kirche,* 1629.
19 Joseph Kardinal Ratzinger, *Salz der Erde. Christentum und katholische Kirche im 21. Jahrhundert,* München 1996, S. 221.
20 Vgl. *Katechismus der Katholischen Kirche,* 2357.
21 *Ebd.*, 2358.

7. Warum leiden wir?

1 Johannes Paul II., Apostolisches Schreiben *Salvifici Doloris,* 2.
2 *Ebd.*, 5.
3 *Ebd.*, 2.
4 *Ebd.*, 7.
5 *Ebd.*, 12.
6 *Ebd.*, 13.
7 *Ebd.*, 18.
8 *Ebd.*, 17.
9 Hans Urs von Balthasar, *Credo,* a. a. O., S. 45.
10 Hans Urs von Balthasar, *The Threefold Garland,* San Francisco 1982, S. 99, 101 (dt.: *Der dreifache Kranz,* Einsiedeln 1977).
11 *Salvifici Doloris,* 14.
12 *Ebd.*, 19.
13 *Ebd.*
14 *Ebd.*, 20.
15 Vgl. *ebd.*, 22.
16 *Ebd.*, 23.
17 *Ebd.*
18 *Ebd.*, 23–24.
19 *Ebd.*, 26.
20 *Ebd.*, 27.
21 *Ebd.*, 29.

22 *Ebd.*, 30.
23 *Ebd.*, 27.
24 *Ebd.*, 31.
25 *Pastorale Konstitution Gaudium et Spes über die Kirche in der Welt von heute,* 22.
26 Peter Kreeft, *Making Sense out of Suffering,* Ann Arbor, Mich. 1986, S. 184.

8. Und was ist mit dem Rest der Welt?

1 Vgl. *Dogmatische Konstitution Lumen Gentium über die Kirche,* 8.
2 Johannes Paul II., Enzyklika *Ut Unum Sint,* 1, 9.
3 Vgl. Joh 17,20–21.
4 Vgl. Johannes Paul II., Enzyklika *Ut Unum Sint,* 54, 57. In seinem Apostolischen Brief zum Abschluß des Heiligen Jahres 2000 kommt Johannes Paul II. in noch deutlicheren Worte auf diesen Punkt zurück: „Indem das Große Jubiläum unseren Blick auf Christus hinlenkte, hat es uns die Kirche als Geheimnis der Einheit wieder bewußter gemacht. ‚Ich glaube die eine Kirche': Was wir im Glaubensbekenntnis sprechen, hat seine letzte Grundlage in Christus (vgl. 1 Kor 1,11–13), in dem die Kirche nicht geteilt ist. Insofern die Kirche in der vom Geschenk des Geistes her gewirkten Einheit sein Leib ist, ist sie unteilbar. Die Wirklichkeit der Spaltung ist ein Ergebnis der Geschichte und eine Sache der Beziehung unter den Söhnen und Töchtern der Kirche, eine Folge der menschlichen Gebrochenheit im Hinblick auf die Annahme des Geschenks, das ständig von Christus, dem Haupt, in den mystischen Leib fließt" (Apostolisches Schreiben *Novo Millennio Ineunte,* 48).
5 Vgl. Johannes Paul II., *Enzyklika Ut Unum Sint,* 48, 83.
6 *Dogmatische Konstitution Lumen Gentium über die Kirche,* 8. Über die Bedeutung der Wendung „ist verwirklicht in", mit der das II. Vaticanum das Verhältnis zwischen der einen Kirche Christi und der katholischen Kirche beschreibt, sind schon Ströme von Tinte geflossen. Daß die Konzilsväter nicht bei der Aussage stehenbleiben wollten, daß die eine Kirche Christi mit der katholischen Kirche identisch ist, zeigt die Entwurfsgeschichte der

Dogmatischen Konstitution über die Kirche, in deren Verlauf die lateinische Formulierung *subsistit in* [besteht in] an die Stelle der Aussage trat, daß die eine Kirche Christi die katholische Kirche „ist". Meine Interpretation des *subsistit in* verdanke ich Richard John Neuhaus.
7 *Dogmatische Konstitution Lumen Gentium über die Kirche,* 8.
8 Vgl. *ebd.*
9 *Dekret Unitatis Redintegratio über den Ökumenismus,* 3.
10 Nichts anderes hat die umstrittene Erklärung *Dominus Iesus* damit gemeint, daß der Begriff „Kirche" um der theologischen Genauigkeit willen für einige christliche Gemeinschaften angewendet werden kann, für andere jedoch nicht (*Dominus Iesus,* 17). Im weiteren Verlauf wiederholt die Erklärung die Lehre des II. Vaticanums, wonach alle Getauften „Christus eingegliedert" sind und „deshalb in einer gewissen, wenn auch nicht vollkommenen Gemeinschaft mit der Kirche" stehen.
11 Johannes Paul II., *Ut Unum Sint,* 21.
12 *Ebd.,* 88, 95, 96.
13 Johannes Paul II., *Ansprache beim Treffen mit der jüdischen Gemeinde in der Synagoge von Rom* (13. April 1986), 4, Internet: http://www.vatican.va/holy_father/john_paul_ii/speeches/1986/april/documents/hf_jp-ii_spe_19860413_sinagoga-roma_ge.html (abgerufen am 26.10.2009).
14 Der komplette Text von „Sprich die Wahrheit" ist abgedruckt in: *First Things* 107 (November 2000), S. 39–41.
15 Joseph Kardinal Ratzinger, *Die Vielfalt der Religionen und der Eine Bund,* Hagen 1998, S. 110.
16 Zitiert nach Dennis R. Hoover, „Rome, Relativism, and Reaction", in: *Religion in the News* 3, Nr. 3 (Herbst 2000), S. 14.
17 Johannes Paul II., Enzyklika *Redemptoris Missio,* 9, 10.
18 Vgl. Kongregation für die Glaubenslehre, Erklärung *Dominus Iesus,* 21, 22.
19 Johannes Paul II., Enzyklika *Redemptoris Missio,* 62.
20 *Ebd.*, 2.
21 *Ebd.*, 46.
22 *Ebd.*, 50.
23 *Ebd.*, 4.

24 *Ebd.*, 39 (Kursivdruck wie im Original).
25 Johannes Paul II., *Ansprache vor den Vereinten Nationen zum 50jährigen Bestehen der Weltorganisation in New York* (5. Oktober 1995), 9, in: *Der Apostolische Stuhl* 1995, S. 519.

9. Ist der Katholizismus demokratietauglich?

1 Robert Suro, „Pope, on Latin Trip, Attacks Pinochet Regime", *New York Times,* 1. April 1987, S. A1, A10.
2 Johannes Paul II., Enzyklika *Centesimus Annus,* 46.
3 Johannes Paul II., Enzyklika *Veritatis Splendor,* 96.
4 *Ebd.*, 97.
5 Johannes Paul II., Enzyklika *Evangelium Vitae,* 57.
6 Manche haben argumentiert, daß das ungeborene Kind im Falle einer ungewollten Schwangerschaft und insbesondere nach einer Vergewaltigung ein „Angreifer" und damit kein „unschuldiges" menschliches Wesen sei: Abtreibung wäre demnach ein legitimer Akt der Selbstverteidigung seitens der Mutter. Hierauf antwortet Johannes Paul II., daß ein wehrloses ungeborenes Kind „das absolut unschuldigste Wesen" ist, „das man sich vorstellen kann", und daß dieses unschuldige Wesen auch unter den tragischen Umständen einer Vergewaltigung sein unveräußerliches Recht auf Leben behält (vgl. *ebd.*, 58).
7 Johannes Paul II., „Address to Ambassador Corinne Boggs", in: *L'Osservatore Romano,* englische Wochenausgabe, 31. Dezember 1997, S. 4.
8 *Katechismus der Katholischen Kirche,* 2278, 2279. Außerdem lehrt der Katechismus: „Schmerzlindernde Mittel zu verwenden, um die Leiden des Sterbenden zu erleichtern selbst auf die Gefahr hin, sein Leben abzukürzen, kann sittlich der Menschenwürde entsprechen, falls der Tod weder als Ziel noch als Mittel gewollt, sondern bloß als unvermeidbar vorausgesehen und in Kauf genommen wird" (2279).

10. Was soll aus uns werden?

1 Aldous Huxley, *Schöne neue Welt,* Frankfurt a. M. 1985, S. 158.
2 Evelyn Waugh an John Betjeman, 9. November 1950, in: *The Letters of Evelyn Waugh,* hg. von Mark Amory, New York (Penguin Books) 1982, S. 339–340.
3 Vgl. Robert Royal, *The Catholic Martyrs of the Twentieth Century: A Comprehensive World History,* New York (Crossroad) 2000. Anläßlich der am 7. Mai 2000 im Kolosseum in Rom abgehaltenen „Gedenkfeier für die Glaubenszeugen des zwanzigsten Jahrhunderts" stellte Johannes Paul II. klar, daß die orthodoxen und protestantischen Märtyrer gemeinsam mit ihren katholischen Brüdern anerkannt würden.
4 Johannes Paul II., Apostolisches Schreiben *Novo Millennio Ineunte,* 30, 31.

Danksagung

Mein erstes Wort des Danks gilt meiner Verlegerin und Freundin Diane Reverand, die mir zunächst dieses Buchprojekt vorgeschlagen und mich sodann in Substanz und Akzidenz – wie eine ältere Generation von Katholiken es vielleicht formuliert hätte – hervorragend beraten hat.

Loretta Barrett, Ever Horan, Pater Jay Scott Newman und Joan Weigel danke ich für ihre wichtigen Anmerkungen zu meinem Manuskript. Pater Thomas Williams LC leistete in Rom entscheidende logistische Hilfe, und Rosemary Horan machte verstreute Chestertonismen ausfindig. Ich danke auch für die kontinuierliche Unterstützung, die mir die Priester und die Gläubigen der Gemeinde von St. Jean Frances de Chantal in Bethesda, Maryland, mit ihrer Freundschaft und mit ihrem Gebet gewährt haben.

Einige der hier vorgestellten Gedanken habe ich bereits in meiner wöchentlichen Kolumne in der katholischen Presse thematisiert; ich danke Kay Lagreid vom *Catholic Northwest Progress* in Seattle und ihren Kollegen, daß sie um diese Kolumne gebeten und sich um die Veröffentlichung bemüht haben. Einige Ideen stammen auch aus Einführungsvorlesungen, die ich 2000 am *Sacred Heart Major Seminary* in Detroit, am *St. Mary's Seminary* und an der Universität in Baltimore, am *St. Vincent Seminary* in Latrobe, Pennsylvania und an der Universität von Dallas gehalten habe. Ich danke diesen hervorragenden Einrichtungen dafür, daß sie mir die Ehrendoktorwürde verliehen und mich eingeladen haben, einige der grundlegendsten Fragen des katholischen Lebens im einundzwanzigsten Jahrhundert zu überdenken.

G. W.
19. März 2001
Fest des hl. Joseph, Ehemann Mariens